십대를 위한 첫 심리학 수업

십 대를 위한 첫 심리학 수업

이남석 지음

사□계절

심리학을 선택한 이유

저는 청소년기에 하고 싶은 것이 많았어요. 그때는 꿈이라고 생각하며 가슴에 엉뚱한 것들을 품고 있었어요. 스파이, 외교관, 영화배우가 되고 싶었죠. 작가나 심리학자도 그런 식으로 생각했어요. 심리학은 그냥 한번 배워 보면 재미있겠다 싶은 정도였죠. 다른 사람의 심리를 알면 여러 가지로 유용할 것 같기도 했어요. 그것도 연애할 때 써먹으면 좋겠다 싶은 정도로 여겼을 뿐 진로로 진지하게 희망한 건 전혀 아니었어요.

저는 여러 번 대학 전공을 바꾸었어요. 경영학과나 신문방송학과도 기웃거렸죠. 그러면서 계속 같은 혼란을 겪다 보니 점점 나 자신에 대한 관심이 커졌습니다. 살아가면서 부딪히는 나의 심리적 문제를 해결하는 데 심리학이 꼭 필요하다는 생각이 들었어요. 그래서 결국 심리학으로 전공을 바꿨습니다. 지금도 강의를 하고 상담을 하며 심리학으로 청소년들의 삶을 변화시키기 위해 노력하는 것은 저의 이런 개인적 경험 때문이에요.

심리학은 세상을 이해하고 사람을 이해할 수 있다는 점만으로도 확실히 재미있는 학문입니다. 무엇보다 가장 큰 장점은 자신의 생각과 감정과 의지를 객관적으로 이해하는 데서 오는 재미와 유용함이라고 생각해요. 객관적으로 자신을 이해하면 심리적 혼란이 줄어들고 더 나은 사람으로 성장할 단서도 쉽게 찾게되니 좋죠.

하지만 세상은 다른 사람으로 가득 차 있고, 인간은 사회적 동물이니 자기 자신을 아는 것만으로는 사회 속에서 잘 살 수 없어요. 그래서 보편적인 인간의 생각과 행동의 특성을 연구하는 심리학이 도움이 돼요. 사람들이 모였을 때 만들어내는 다양한 사회현상까지 이해하면 더 좋겠지요? 모두 다 좋아요.

하지만 굳이 우선순위를 정한다면 자기 자신에 대한 이해가 가장 먼저라고 생각해요. 다른 사람과 세상을 잘 알아도 자기에 대한 이해와 배려를 하지 못하면 불행해지는 게 현실이니까요. 똑똑하고 사회적으로 성공한 사람임에도 심리적 문제로 불행한 선택을 했다는 소식이 뉴스에 자주 나올 정도입니다. 그래서 여러분이 꼭 자기의 생각과 행동을 더 잘 이해하는 용도로 이 책을 읽어 주기를 부탁하고 싶어요.

청소년기는 세상과 자기 자신에 대한 관심이 커지는 때잖아요? 단순히 흥미 위주가 아니라 자기 자신과 세상과 타인에 대해 더 깊이 이해할 수 있는 체계적인 청소년 심리학책이 있다면 어떨까 생각해 봤어요. 저 자신이 청소년기에 그런 심리학책을 읽었다면 삶에 어떤 변화가 있었을까 상상하니, 책의 목차가 어렵지 않게 떠올랐습니다.

심리학이 사람의 마음을 이해하기 위해 계속 도전해 온 역사를 살펴보면, 자신과 타인과 세상에 대한 이해를 얼마나 진지하게 해야 하는지를 느낄 수 있을 것이라 생각했어요.

30년 전, 제가 청소년이었을 때보다 요즘은 확실히 사회적으로 심리학에 대한 관심이 많습니다. 신문 기사나 SNS를 봐도 심리학 연구가 자주 인용됩니다. 심리학 전공자로서 좋습니다. 하지만 때로는 심리학을 가장해서 비과학적인 검사, 가짜 상식을 인용하는 경우가 많아져서 속상하기도 합니다. 심리학은 인간의 복잡 미묘한 심리를 다루고 있기 때문에 그렇게 단순하지 않거든요.

미국 심리학회의 사이트www.apa.org를 보면 분과의 수만 54개에 이르고, 한국심리학회www.koreanpsychology.or.kr의 경우에도 15개에 이르고 있죠. 이 사이트들을 보면 심리학이 얼마나 다양한 지식들과 교류하고 있는지 알 수 있고, 동시에 '심리학은 무엇을 하는 학문인가'라는 질문과 관련된 학문적 주제 범위를 가늠할 수 있습니다.

저는 이 책을 통해서 심리학의 흐름과 본질을 더 쉽고 재미있게 이야기하고 싶습니다. 학문적 검증 없이 인터넷에 떠도는 단편적 정보가 아니라, 체계적인 심리학 지식을 나누고자 합니다. 심리학은 어떤 사람이 육감으로 느끼고 생각한 바를 '주장'하는 학문이 아닙니다. 실험과 관찰, 조사를 해서 '검증된 사실'을 이야기하는 과학입니다. 그래서 이 책에는 심리학자들의 실험을 통해 엎치락뒤치락 결론이 바뀌는 내용이 소개되어 있습니다. 지금의 결론도 나중에 뒤엎어질 수 있습니다. 그러다가 다시 예전 이론이 맞다고 할 수도 있고요.

상황이 이러니 나중에 최신 심리학을 공부하는 것이 더 유리하지 않느냐고 할 수도 있어요. 하지만 이 책을 읽다 보면 엎치락뒤치락 하는 중에도 변하지 않는 핵심을 보게 될 것입니다. 그 핵심을 먼저 알게 되는 사람이 자신과 세상과 타인을 더 잘 이해해서 더 만족스러운 삶을 살게 되겠지요?

아무리 기술이 발달하고 세상이 변해도 사람 마음의 본질은 쉽게 변하지 않습니다. 그래서 진화심리학에서는 200만 년 전 원시인류의 행동 방식으로 현대인을 이해하려 하기도 합니다. 마음의 기본 작동 방식과 중요성은 아무리 시대가 바뀌어도 변하지 않습니다. 여러분이 마음과 관련된 문제를 고민할 때 이 책에 소개한 여러 심리학자의 이론과 진지한 접근법이 도움이 되었으면 합니다.

너무 비장하지요? 원래 의도는 비장하지만, 재미있게 썼습니다. 쓰는 내내 저 자신도 최신 연구를 다시 훑어보며 심리학이 주는 재미에 푹 빠졌답니다. 여러분도 재미있게 읽어 주기를 바랍니다.

2019년 12월

이남석

차례

1장 심리학, 정체가 뭐야?

2장 나를 들여다보는 심리학

3장 우리 사이에 존재하는 심리학

4장 심리학, 어떻게 써먹을까?

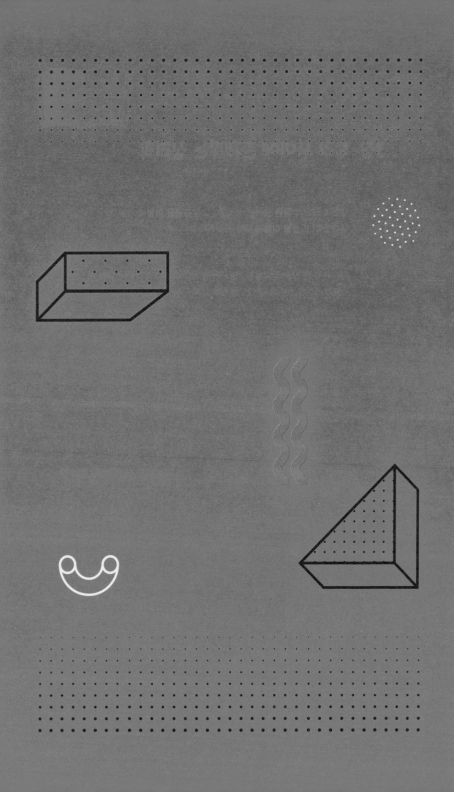

1장

심리학,
정체가 뭐야?

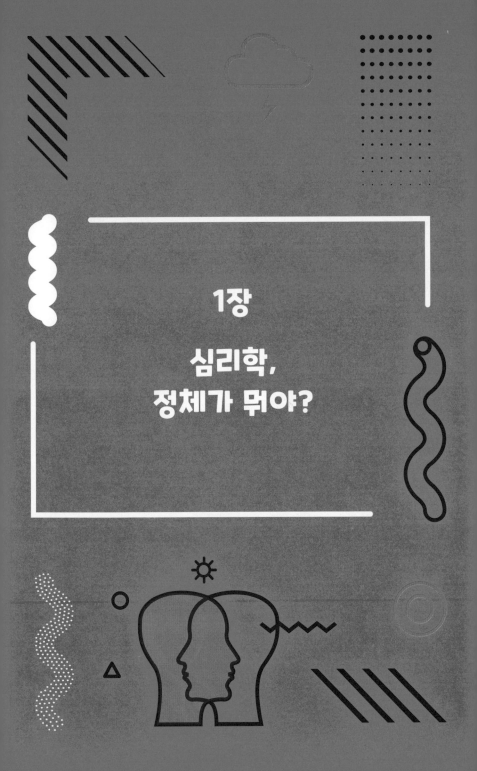

심리학은 어떻게
탄생했을까?

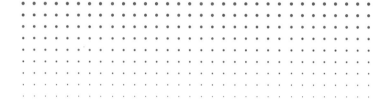

철학에서 똑 떨어져 나온 심리학

미국의 오래되고 유명한 대학이라고 하면 가장 먼저 떠오르는 곳은? 하버드대죠. 그렇다면 하버드대에 심리학과를 처음 개설한 사람은 누구일까요?

짜잔, 윌리엄 제임스입니다. 윌리엄 제임스의 원래 직업은 무엇이었을까요? 심리학과를 만들었으니 심리학자? 아닙니다. 원래 철학 교수였습니다. 그런데 왜 철학 교수가 심리학과를 만들게 되었을까요?

철학의 주제 중에 하나가 인식론입니다. '무언가를 안다는 게 어떤 것인지, 무언가를 어떻게 알 수 있는지'를 탐구하는 분야예요. 존재론도 있습니다. '사람은 무엇인가? 이 세상은 무엇인가?' 등을 생각하는 분야입니다. 그야말로 '나는 누구? 여기는 어디? 저것은 무엇?'을 생각하는 사람이 철학자이지요. 그러니 철학자로서 이런 질문을 던지고 대답하는 자기 자신의 마음에 관심을 갖는 것은 당연했겠지요?

월리엄 제임스 이전에도 고대의 플라톤과 아리스토텔레스부터 근대의 철학자들에 이르기까지 마음의 문제를 고민하는 사람들은 있었어요. 그런데 철학적으로 고민했을 뿐, 과학적 방법으로 실험하고 조사하고 관찰하며 자신의 생각이 옳은지 그른지 검증하지는 않았습니다. 마침내 독일의 심리학자인 빌헬름 분트가 심리학 연구소인 정신 물리 실험실을 만들어 과학적 연구를 하면서 심리학이 철학으로부터 떨어져 나오게 되었어요. 비슷한 시기에 미국에서는 앞에서 언급한 월리엄 제임스가 『심리학 원리』(The Principles of Psychology)를 출간했어요. 안 그래도 눈으로 볼수 없는 마음인데, 그 마음을 추상적으로 생각하는 방식으로는 더 이상 안 되겠다는 결론을 내린 거예요. 마음에 대해 생각하고 관찰을 하더라도 더 과학적인 방법을 고민한 사람들이 심리학을 만들었죠.

당시는 과학기술이 비약적으로 발전하면서 전기, 기차와 같은 교통수단, 기계로 인해 생활환경도 급격하게 바뀌던 시기였어요. 그래서 많은 사람들이 마음 역시 과학적으로 연구하면 뭔가를 알 수 있을 것 같다는 생각을 했죠. 정신분석학을 만든 프로이트도 원래 몸의 질병을 고치는 의학을 연구하는 생물학자였어요. 과학을 하다가 과학적으로 마음을 연구하는 것에 희망을 품고서 몸을 고치는 의사가 아니라 마음을 고치는 정신분석학자가 되었지요.

초기의 심리학자들은 과학으로서의 심리학을 연구한다고는 했지만, 현대의 기준으로 볼 때 제대로 된 실험이나 조사를 하지는 못했어요. 기억 실험을 한다면서 연구자 자신이 작성한 단어 목록을 자기가 암기해서 종이에 적고, 맞고 틀린 정도를 스스로 채점해서 '사람은 시간이 갈수록 기억이 흐릿해진다. 그런데 처음과 끝에 본 것은 기억이 잘 난다.'라고 연구 결과를 발표하는 식이었으니까요.

물론 여러 실험 참자가를 모집해서 객관적으로 실험한 결과가 현대 심리학과 운 좋게 맞아떨어지는 경우가 많기는 했어요. 하지만 철학과는 완전히 다른 심리학을 하겠다던 포부에 견주자면 엄격하게 과학적이라고 말하기는 힘들었어요. 여전히 '아, 촉이 와!'라면서 이야기를 푸는 것에 더 가까웠어요. 그래도 초기 심리학이 철학과 달리 실험, 설문, 관찰 등을 통해 과학적으로 마음의 특징을 밝히려고 노력한 것은 인정해야겠지요?

집짓기 같은 심리학

여러분, '집'이라고 할 때 떠오르는 이미지를 그림으로 그려

보세요. 삼각 지붕 아래 네 개의 기둥을 그리거나, 아파트를 그리 거나, 전원주택을 그리는 등 집의 모습은 제각각일 수 있어요. 하 지만 집 안에 실제로 있는 인테리어 소품, 가전제품 등등 자세한 사항까지 그리지는 않았지요? 집의 구조에 해당하는 것을 그렸 을 거예요. 그것도 투시도나 내부 모습보다는 겉의 구조에 더 집 중했겠죠.

초기의 심리학도 세세한 마음의 요소를 다 고려하지 않고 구 조에 해당하는 것만 그려서 마음을 이해하려 했어요. 바꿔 표현 하면, 심리학은 보편적인 구조를 찾으려 했죠. 이것을 '구조주의' 라고 합니다. 아래 그림을 보세요.

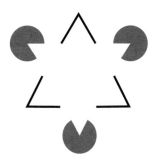

신기하게도 거꾸로 선 삼각형이 보이지 않나요? 자, 고개를 좌우로 흔들고 그려진 것을 냉정하게 다시 보세요. 사실은 삼각 형이 되려다가 만 꼭짓점 선들과 일부가 잘려 나간 세 개의 공 밖 에 없는 거잖아요? 그런데도 그려지지 않은 삼각형이 보입니다. 왜일까요?

있지 않은 것을 우리가 본다? 그렇다면 우리 마음 안에 흰 여백을 삼각형으로 보게 하는 어떤 구조가 있는 것은 아닐까요? 이렇게 생각하고 열심히 연구한 사람들이 바로 독일의 게슈탈트 학자들입니다. 히틀러 밑에서 일했던 비밀경찰 조직인 게슈타포와는 상관이 없으니 주의하세요. 아래 그림을 한번 보세요.

멋진 잔이 보이기도 하고, 마주 본 사람들의 옆얼굴이 보이기도 하죠. 이상하지 않나요? 여러분은 그림 속의 잔과 정확하게 똑같은 잔을 본 적이 있나요? 저런 옆모습을 가진 사람을 본 적은요? 그런데도 우리는 왜 잔 혹은 사람으로 볼까요? 또 앞에서 흰 여백을 삼각형으로 보라고 배운 적이 없는데 왜 거꾸로 선 삼각형이 보이는 걸까요?

게슈탈트 심리학자들은 인간의 마음에는 선천적으로 주어진 보편적 요소가 있다고 생각했습니다. 집을 지을 때 쉽게 무너지지 않도록 기본적으로 배치해야 하는 기둥과 같은 구조 말입니다. 이들은 사람들이 세상을 보고 판단하는 보편적 구조를 연구하여

근접성, 연속성 원리 등을 찾아냈어요. 겉으로 보이는 현상을 신기해하는 것에서 멈춘 것이 아니라, 왜 신기한 현상이 나오는지 그 원인을 찾다가 구조적 원리를 발견한 거지요.

한편 앞에서 언급한 정신분석학자 프로이트 역시 구조를 발견하려고 했습니다. 프로이트는 사람에게 무의식과 의식이 있고 자아와 초자아와 본능이 각각 있다고 주장했지요. 본능은 생명체로서 가지고 있는 기본적인 욕망이에요. 하지만 사람은 사회생활을 해야 하니 본능에만 충실하면 안 되겠죠? 길거리를 가다가 성욕을 느꼈다고 갑자기 자위를 하거나 성행위를 하면 어떻게 될까요? 물론 아주 드물게 그런 행동을 하는 사람은 있습니다. 하지만 대부분의 사회에서는 타인에 대한 배려와 인간의 존엄성을 고려해서 길거리에서의 자위와 성행위를 사회적 규칙으로 금지합니다.

그런데 이 사회 규칙은 본능이나 자아가 스스로 만들어 낸 것이 아니지요? 어른의 가르침이나 학교 교육 등을 통해 사회 규칙을 접하게 되면서 그 규칙을 따라야 한다는 마음이 만들어진 겁니다. 이런 사회적 규범과 관련된 마음의 요소를 초자아라고 해요. 마음속에서 본능이 꿈틀대면 마음속에 있는 또 다른 요소인 초자아도 움직이지요. 역동적으로요. 그래서 정신분석 이론을 정신 역동 이론이라고도 해요.

초자아가 움직이면? 또 다른 요소인 자아도 움직여요. 구조적으로 서로 밀접하게 붙어 있으니까요. 그런데 자아는 본능과 초

자아 중간을 비집고 들어가 싸움을 중재하려고 해요. 무조건 초자아의 말만 듣는 게 아니라 본능의 요구도 슬쩍 들어줍니다. 그러니까 성욕이 생기면 잠깐 성적인 상상을 하고 넘어가는 식으로요. 현실에서 사회적 규칙을 어기지 않고도 본능을 조금은 해소하는 방식으로 자아는 움직입니다. 만약에 본능을 계속 억압한다면 어떻게 될까요? 스트레스가 심해져서 다른 심리적 문제가 생길 수 있겠지요? 그래서 자아의 역할이 중요하답니다.

프로이트는 단순히 마음의 세 가지 요소가 있다는 것만 밝힌게 아니라 요소들이 서로 어떤 구조로 얽혀 있는지도 알아냈어요. 집의 구조로 비유하자면, 맨 아래에 본능이 땅처럼 깔려 있고 그 위에 자아라는 기둥이 있고 그 위에 초자아가 지붕처럼 씌워져 있다는 식으로 설명했지요. 프로이트는 빙하의 구조에 비유하기도 했어요. 빙하는 드러난 부분보다 수면 아래에 드러나지 않은 부분이 훨씬 많은 구조잖아요? 이처럼 겉으로 드러나는 의식보다 드러나지 않은 무의식이 훨씬 크고 넓다고 주장하기도 했어요.

어떠세요? 이해가 쉽지 않을 수도 있어요. 하지만 명확하게 구조를 놓고 설명하니 일단 솔깃하기는 합니다. 건축학을 전공하지 않아 자세한 사항은 모르더라도 집의 구조를 요약한 설계도와 눈앞에 보이는 모델 하우스를 두고 설명하면 더 이해가 빠른 것처럼요. 자, 그런데 구조만 알면 괜찮은 걸까요?

사실 어떤 집에 만족하려면 구조도에 드러나지 않은 채광, 환기, 습도, 인테리어, 가구나 전자제품 같은 여러 소품 등의 요소도 고려해야 합니다. 그런데도 다양한 요소는 제쳐 둔 채 구조만 보고 성급하게 만족한다면 문제가 있겠지요? 마찬가지로 마음을 제대로 설명하려면 구조뿐만 아니라 세세한 사항들이 영향을 주고받는 과정을 통해 마음이 어떤 변화를 거치는지에 대한 이야기까지 알아봐야 합니다.

마음을 조련하는 심리학

여러분이 타임머신을 타고 과거로 가서 거대한 공룡을 조련하게 되었다고 상상해 보세요. 너무 무섭다고요? 그렇다면 그냥 영화 〈쥐라기 월드〉의 조련사 주인공을 떠올려 보세요.

주인공은 손에 딸깍 소리가 나는 기구를 들고 신호를 주면서 공룡의 행동을 통제합니다. 신기하지요? 단순한 신호가 공룡에게 잘 통하는 이유는 무엇일까요? 그것은 공룡에게도 뇌가 있기 때문입니다. 아, 물론 공룡 조련은 영화나 상상으로만 가능하지만요. 현실에서는 고래, 개, 앵무새 등의 기본 지능을 갖춘 동물을 조련할 때 '클리커'라는 딸깍 소리가 나는 기구를 많이 씁니다. 이것은 꽤 효과적이지요.

딸깍 한 번이면 멈추고, 두 번이면 앞으로 가고, 세 번이면 뒤로 가는 식으로 자극과 반응이 연결됩니다. 이 과정에서 동물이 어떤 마음을 갖고 있는지는 알 수 없습니다. 무의식과 의식, 자아, 초자아 등의 구조가 있는지도 모르지요. 하지만 원하는 행동을 이끌어 냈으니 그런 구조는 이야기하지 않아도 된다는 입장이 바로 '행동주의'입니다.

무의식과 자아 같은 눈에 보이지 않는 구조와 선천적인 특성 등을 이야기하는 것을 불편해하는 심리학자들이 있었어요. 마음이 없다는 것은 아니지만, 굳이 알 수 없는 마음에 대해서 비과학적으로 이러쿵저러쿵하지 말자는 것이지요. 대신 객관적으로 관찰하고 실험할 수 있는 자극과 반응으로만 심리학을 연구하자는 행동주의를 만든 것입니다.

행동주의를 쉽게 이해할 수 있는 실험이 있습니다. 러시아의 생리학자였던 파블로프는 개를 묶어 놓고 소화기관에 대해 연구하던 중이었습니다. 이 과정에서 종이 울리고 먹이를 주는 경우가 많았어요. 그러다가 어느 날 먹이 없이 종만 울렸는데 개가 소화를 준비하는 듯이 침을 흘리는 거예요. 이것을 보고 파블로프는 자극과 반응 연합이 복잡한 행동을 설명하는 비밀 열쇠라고 생각했습니다. 이 실험에 자극을 받은 왓슨, 스키너 같은 학자가 쥐, 비둘기 등을 이용해서 복잡한 행동을 만드는 자극 반응 연합으로서의 심리학을 연구했습니다.

"잠깐. 쥐, 비둘기 같은 동물이라고요? 인간이 아니라?"

이처럼 이상하게 생각하는 분이 있나요? 행동주의 심리학자는 인간도 자극에 반응하는 동물임에 주목했거든요. 그리고 추상적인 심리적 구조도 생각하지 않기로 했죠. 그러니 인간이 갖는 복잡한 심리를 고려해서 실험할 필요가 없지요. 어느 정도 지능을 가진 동물이기만 하면 됩니다.

사랑은 아주 복잡한 심리예요. 그런데 행동주의에서는 설명이 좀 다릅니다. 예를 들어 "인간은 상대방에게 호감을 느끼면 사랑을 표현하는 애정 행위를 하게 된다."고 말하지 않아요. '호감을 느낀다'는 말은 직접적으로 관찰하기 힘든 주관적 경험이니까요. 주관적 경험은 직접적으로 검증할 수 없기에 부적절하다고 생각합니다. 외부의 행동으로 추론할 뿐이지요. 그래서 행동주의 심리학에서는 '호감을 느낀다'를 〈상대방 등장〉 → 〈상대방의 존재를 지각함〉 → 〈심장박동 증가〉 → 〈동공 확장〉 식으로 바꾸어 생각합니다. 현재는 뇌 과학이 알아낸 대로 이 연합 뒤에 〈도파민 분비〉 → 〈세로토닌 분비〉가 나오고, 나중에는 〈신체 접촉 횟수 증가〉 등이 추가될 수도 있죠. 무의식과 자아 등에 대한 이야기는 하지 않아요.

이런 행동주의가 가장 크게 영향을 준 분야는 뭘까요? 교육과 훈련입니다. 행동주의 심리학자들은 특정 자극에 특정 반응이 일어나게 만들려면 자극 반응 연합을 강하게 할 수 있는 외부 자극이 추가로 필요하다는 사실을 알아냈어요. 그래서 목표 행동이 나오면 보상을 주고, 목표 행동이 나오지 않으면 처벌을 주는 시스템이 만들어졌습니다. 네, 그렇습니다. 그때부터였어요.

군대에서도 사격을 잘하면 바로 쉬게 해 주거나 휴가증을 주고, 못하면 바로 팔굽혀펴기를 시킵니다. 보상과 처벌이 명확할수록 행동이 변한다는 사실을 적극 활용하고 있지요. 군대라는 특수 상황 때문에 그렇다고요? 가정, 학교, 학원에서의 칭찬과 처벌을 생각해 보세요. "아이구, 잘했구나. 이거 받으렴."과 "넌 손 들고 서 있어!" 등 일상적 심부름부터 숙제에 이르기까지 자극과 반응, 그리고 그 연합을 강화시키는 장치들을 경험을 통해 잘 알고 있지 않나요?

행동주의 심리학자들은 자신의 연구에 대한 신념이 대단해서 이론의 효과를 검증하기 위해 다양한 실험을 했습니다. 그중에서 스키너는 행동에 따라 먹을 것과 처벌을 각각 다르게 주는 일명 '스키너 박스'에 자신의 아기를 넣어 두고 스스로 기저귀를 갈게 했습니다. 쥐에게 복잡한 미로를 탈출했다가 다시 돌아와 일정한 행동을 하는 방법을 학습시키기도 했죠. 마치 수업을 듣기 싫어하는 학생들을 잠깐 풀어 줬다가 다시 붙잡아 공부를 시키는 선생님처럼요.

인공지능이 없던 시기에 미사일을 정확히 목표 지점에 떨어뜨릴 방법으로 비둘기를 이용하려고도 했습니다. 비행기 조종사도 흐린 날이나 밤에는 자신의 눈이 아니라 복잡한 계기판의 바늘이 가리키는 수치를 조합해서 목표 지점으로 가거든요. 2차 세계 대전이 길어지면서 많은 폭격기 조종사가 전사했어요. 그러자 비둘기에게 복잡한 바늘들을 보고 목표 지점에 다다랐을 때 버튼 위의 먹이를 쪼아 누르게끔 훈련을 시켜서 아주 먼 곳에도 정확히 미사일을 떨어뜨리려 했습니다. 실제로 성공 단계까지 갔을 때 전쟁이 끝났지요.

어때요? 행동주의 심리학은 정신분석학이나 게슈탈트 심리학과는 완전 다르지요? 행동주의는 그 효과 덕분에 큰 관심을 받아 많은 곳에 응용되었습니다. 하지만 인간은 단순한 동물이 아니라 고등 지능을 갖고 있다는 사실을 무시했고, 어떤 행동을 할 때 미치는 많은 요인들의 영향을 지나치게 단순화했다는 비판을 받았지요.

행동주의의 과격한 입장은 인간이 중심이 되지 않았다는 점에서 특히 반발을 샀어요. 인본주의 심리학자는 자극과 반응 연합이 아니라 인간에게 있는 사고 능력으로 행동을 변화시킬 수 있다고 생각했어요. 이 같은 면에서 상담할 때 "자, 이것에 대해서 어떻게 생각하는지 말씀해 보세요."라며 상담 받으러 온 사람의 마음을 직접 듣는 방법이 유행하게 되었습니다.

로저스 같은 인본주의 심리학자는 지적 능력과 복잡한 심리 구조를 가진 인간으로서 스스로 문제를 해결하도록 돕는 것이 바로 심리학의 길이라고 생각했어요. 그러나 행동주의 심리학자는 이렇게 추상적인 접근을 싫어했고 인간 역시 동물과 다르지 않다고 생각했기에 인본주의자와 많이 부딪힐 수밖에 없었습니다.

자, 여러분은 어떤 것이 옳다고 생각하세요? 대답은 일단 보류하고, 다음 이야기를 보고 나서 다시 답해 보세요.

마음을 과학으로 읽어 낸다고?

정보처리 시스템으로서의 심리학

전 세계를 휩쓴 2차 세계 대전이 끝나고 10여 년 뒤인 1956년 9월 11일, MIT에서 한 모임이 열렸습니다. 모임에는 당시 하버드 대학교에 있었던 마빈 민스키, IBM의 클로드 섀넌과 네이선 로체스터, 다트머스 대학의 수학 교수였던 존 매카시, 훗날 노벨 경제학상을 받은 심리학자인 허버트 사이먼 등 쟁쟁한 과학자들과 기업 관련자들이 참여하고 있었지요. 이 사람들은 '기계가 스스로 발전할 수 있을까?', '인간의 지능을 기계에서 구현할 수 있을까?' 등에 대해서 논의를 했어요.

당시에는 컴퓨터의 발달이 몰고 올 파장이 최대 관심사였답니다. 지금 4차 산업 혁명을 여기저기에서 떠들고 있는 것처럼 요. 앞서 1948년에 컴퓨터의 심장부에 해당하는 진공관을 대신할 트랜지스터가 출현하면서 컴퓨터는 상당히 소형화되었어요. 진공관은 부피가 크고 제조에 많은 자원과 에너지가 소모됐거든요. 또한 예전보다 월등한 계산력을 갖게 되어 그동안 엄두도 내지 못했던 기능을 처리하게 되었지요. 이처럼 계산기에 가까웠던 컴퓨터가 지능을 논하는 정보처리 체계로서 대접받기 시작하자 희망에 찬 학자들이 모여 다트머스 회의가 열린 거예요. 중국 송나라에서 12~13세기에 주판이 발명되어 널리 보급되고 나서 1642년에야 프랑스의 파스칼이 겨우 덧셈 기계를 만들어 냈던 것을 생각하면, 전자식 컴퓨터가 개발된 뒤 불과 십여 년 만에 인공지능까지 생각하는 획기적인 변화가 일어난 거예요.

이 자리에서 당시 28살이었던 노암 촘스키 박사는 주류였던 행동주의를 강력히 비판하는 연구를 발표했습니다. 촘스키는 다음과 같은 세 가지 논지를 펼쳤어요.

첫째, 어린이들이 언어를 배우는 것을 보면 행동주의 이론이 주장하는 것처럼 단순한 모방이나 강화에 의한 학습만으로는 설명할 수 없다. 행동주의에서는 수많은 반복 경험을 통해 자극 반응의 연합을 익히는 조건 형성이 되어 언어를 배운다고 가정하지만, 어린아이들의 경우에는 다양한 표현을 익히는 속도가 너무 빠르다. 즉 시행착오에 의한 강화로 학습이 일어난다고 보기에는 무리가 있다. 또한 부모들이 아이들의 잘못된 표현에 대해 일일이 처벌을 하는 식으로 강화를 주는 것도 아닌데 아이들이 상당히 정확한 언어 표현을 익히는 것에 대해 행동주의는 제대로 설명하지 못한다.

둘째, 언어를 배우는 것에는 단순한 단어의 덩어리를 배우는 것 이상이 필요하다. 문법에 대한 규칙, 발음, 의미 변형 등등에 대한 지식이 있어야 한다. 단지 겉으로 드러난 언어 행동만으로는 설명할 수 없다. 하지만 행동주의는 객관적 행동만을 연구 대상으로 삼고 있기 때문에 심적인 언어 능력 전체를 온전히 설명할 수 없는 한계가 있다.

셋째, 행동주의는 언어의 폭발적인 생산성을 설명하지 못한다. 인간은 이전에 학습하지 않은 새로운 문장을 자유롭게 만들어 낸다. 하지만 행동주의는 이전에 학습이 된 자극반응 연결로 언어를 설명하기 때문에 입력되지 않은 새로운 문장의 생성에 대해서는 설명을 하지 못한다.

어때요? 그럴 듯한 비판 아닌가요? 현장에 있던 다른 학자들도 사람 마음의 구조와 과정은 무시해야 하는 대상이 아니기 때문에 적극적으로 분석해야 한다고 동의했습니다. 단, 구조주의나 인본주의처럼 추상적 구호가 아니라 더 엄격하게 과학적으로 연구하자고 했죠. 이 새로운 흐름을 '인지주의'라고 합니다.

인지주의자들은 이성을 강조한 철학자 데카르트에 크게 영향을 받았습니다. 데카르트는 원숭이와 같은 외모와 내부 기관을 지닌 기계를 만든다면 그 기계와 동물을 구별할 수 있는 방법은 없다고 생각했어요. 하지만 인간과 똑같은 외형과 내부 기관을 가진 기계는 인간과 같을 수 없다고 생각했습니다. 아주 정교한 밀랍 인형을 보고 '사람처럼 생겼다'라고 하지만 '사람이다'라고 하지 않는 것처럼 말이지요.

데카르트는 그 기계가 정말 사람인지, 아니면 단순한 밀랍 인형에 가까운 기계인지 알아보는 방법으로 언어 검사를 만들기도 했어요. 아무리 기계를 인간처럼 만들었다고 해도 그 기계는 생각이 담긴 언어를 정교하게 사용할 수 없다고 생각했죠. 〈블레이드 러너〉 등의 SF 영화에 로봇인지 사람인지 알아보려고 단어를 차례대로 보여주면서 동공의 확장 정도를 확인하는 일종의 '튜링 테스트'를 하는 장면이 자주 나오는 것도 '정보처리 방법'을 중시하는 인지주의의 영향입니다.

참고로 로봇은 '사막'이라는 단어 다음에 나오는 단어가 '선인장'이든 '신발장'이든 간에 컴퓨터 저장 장치에서 단어 정보를 꺼내 오는 것은 똑같으니 반응의 차이가 없습니다. 하지만 인간에게는 단어들이 의미로 연결되어 있어서 '사막'이라는 단어 다음에 '신발장'보다 '선인장'이 제시되는 것이 더 자연스럽게 느껴집니다. 반응 시간도 더 짧고요. 앞의 단어와 의미 연결이 잘 안 되는 단어가 뒤이어 나오면 놀라서 동공이 확장되기도 하겠지요? 이처럼 인지주의는 인간다운 정보처리 방식이 무엇인지를 알아보는 것에 관심이 있었습니다.

앞서 다뤘던 행동주의는 자극을 입력했을 때 어떤 행동이 출력되는지에 관심이 있어요. 입력과 출력 사이의 눈에 보이지 않는 처리 과정에는 관심이 없었죠. 눈에 보이지 않는 것을 다루면 예전 프로이트 심리학처럼 과학적이지 않게 된다고 생각했습니다. 이에 반해 인지주의는 눈에 보이지 않는 처리 과정에 더 관심을 갖고 있어요.

어떤 기계가 겉으로 인간의 단어를 쓰고 인간과 비슷한 행동을 한다고 해서 인간과 비슷하다고 판단하지는 않아요. 이에 대해 인지주의자들은 인간만이 할 수 있는 정보처리 방법을 찾아내서 그 정보처리 방법을 기계에 넣는다면 지능을 갖게 할 수 있다고 생각했어요. 실제로 1960년대의 심리학자였던 사이먼과 컴퓨터 과학자였던 뉴웰은 기계가 인간의 지능을 가질 수 있다고 믿었어요. 그리고 인간의 마음을 과학적이고 형식적으로 설명할 수 있으며, 디지털 컴퓨터는 그것을 위한 가장 좋은 기계라고 생각하고 있었죠. 사이먼과 뉴웰에게 컴퓨터는 단순히 성능 좋은 계산기가 아니었어요. 숫자와 말 등 모든 종류의 기호를 조작할 수 있는 기계였어요. 그리고 인간의 마음도 컴퓨터와 같은 체계가 있다고 생각했어요. 현대의 컴퓨터가 단기적으로 정보를 조작할 수 있는 기억장치, 즉 메모리인 RAM과 정보들을 차곡차곡 저장해 놓은 하드 디스크 같은 ROM으로 구별된 밑바탕에는 사이먼과 뉴웰의 연구가 있었죠.

'정보를 처리하는 시스템으로서의 마음'이 인지주의 주장의 핵심이에요. 이것은 기존의 이성을 중시한 철학과도 다르지요. 마음의 요소들이 어떤 구조적 특징을 갖고 있는지를 추상적으로 밝힌 구조주의, 인간의 존엄성과 자율성을 강조한 인본주의 심리학과도 다르고요. 아예 마음의 구조에 관심이 없던 행동주의는 말할 것도 없고요.

마음을 상징 기호를 포함한 각종 정보를 처리하는 시스템으로 바라보고 연구하려다 보니 심리학자와 언어학자, 수학자, 컴퓨터 공학자, 신경 과학자, 정보 이론가 등이 함께 연구하게 되었습니다. 하지만 이때만 해도 새로 태어난 이 연구의 흐름에 이름을 붙여 주는 사람이 없었어요. 행동주의 심리학이 주류인 시대였으니까요. 인지주의 심리학, 인지과학이라는 이름도 몇 십 년이 흘러서야 붙여졌답니다.

실험실 밖으로 나온 심리학

물론 인지주의도 행동주의처럼 입력과 출력을 중요시합니다. 마치 자극 반응 연합처럼요. 인지주의는 키보드를 누르는 자극에 대한 반응으로 모니터 화면에 해당 글자가 출력되는 것뿐만 아니라 내부의 정보처리 시스템을 강조했다는 점이 다릅니다. 그렇다 보니 연구 수준은 더 세부적인 사항까지 파고 들었습니다.

예를 들어, '인간에게 어떤 사진을 보여 줬을 때 해당 정보를 처리할 수 있는 가장 짧은 시간은 얼마일까?'와 같은 연구도 있었죠. 그 결과 200분의 1초에도 해당 정보를 처리할 수 있다는 사실을 발견했습니다. 흔히 정말 짧은 시간을 두고 눈 깜짝할 사이라고 하죠? '눈 깜짝'하는 데 걸리는 평균 시간이 10분의 1초인 것을 생각하면 얼마나 짧은지 감이 올 거예요. 이런 식으로 인간의 정보처리 과정을 열심히 과학적으로 연구하면서 마음에 대한 많은 사실을 알게 되었습니다.

그런데 학자들 사이에서는 고개를 갸웃하는 사람들이 많아졌습니다. 분명 예전보다 마음에 대해서 많이 알게 되었는데도 인간의 행동을 더 잘 이해하게 된 것 같지는 않으니까요. 실험을 통해 인간이 200분의 1초 만에 정보를 처리한다는 것을 알게 되었다고 했죠? 하지만 현실에서 200분의 1초로 나눠서 눈을 감았다 뜨며 독서하지는 않으니 이 짧은 정보처리 능력에 대한 연구는 그리 큰 의미가 없지요. 한 사람의 독서 능력을 좌우하는 것에 주변에 앉아 있는 사람이나 책에 집중할 수 있게 돕는 가림막의 설치 등 환경적인 변수도 있지 않나요? 오히려 그런 변수가 더 큰 영향을 주지는 않을까요?

이렇게 중요한 환경의 변수를 외면한 채 실험실에서 억지로 균일하게 통제하며 실험하는 것을 지양하고 실제 인간이 생활하는 곳에서 연구하자는 '생태주의'가 나타났습니다. 실험실에서 나와서 의미 있는 연구를 하자는 거죠.

이런 생태주의 심리학이 발전해서 다른 흐름을 만들기도 했습니다. 환경 변수를 고려하다 보니 컴퓨터와 같은 내부 정보처리 계산이 아니라, 외부의 대상에 따라 마음이 어떻게 달라지는지를 연구해서 마음에 대한 다른 통찰을 하게 만든 것입니다.

이전의 인지주의에서는 데이비드 마아 같은 신경과학자가 인간이 외부 대상을 보는 능력을 수학적으로 계산했습니다. 인간의 눈은 사진기처럼 외부 대상이 2차원적으로 망막에 맺히는데, 어떻게 3차원으로 세상을 보도록 정보를 처리하느냐가 중요한 연구 주제였거든요. 사람을 대상으로 일부러 시각을 없앴다가 다시 살릴 수는 없기에, 리셋하거나 기능을 삽입하기 쉬운 컴퓨터를 대상으로 실험했지요. 이후 점점 더 계산을 정교화하는 방향으로 발전해서 지금은 스마트폰으로 사진을 찍거나 SNS에 사진을 올릴 때 얼굴을 인식하는 기능까지 발전하게 되었어요.

컴퓨터는 계산을 통해 인공 시각으로 외부 사물을 잘 보게 되었습니다. 하지만 여전히 사람이 그렇게 계산을 하는지는 논란거리입니다. 실험실에서 나와 그냥 현실을 관찰해 보세요. 만약 인간이 외부 대상을 그렇게 컴퓨터처럼 계산해서 본다면 어떤 일이 일어날까요? 움직이면서 외부 사물의 각도가 변하고 조명에 따라 색이 변하는데도 여전히 동일한 사물이라고 인식하려면 계산 능력이 아주 좋아야 합니다. 컴퓨터로 따지면 해당 인식 기능만 처리하는 장치가 욕조 크기는 되어야 한다는 말이 있을 정도입니다. 4차 산업 혁명을 이야기하는 요즘에도 계산을 열심히 하는 방식으로 만들어진 로봇들은 두 발로 계단을 오르락내리락 하거나 뛰면서 균형을 잡는 것과 동시에 시각 정보까지 처리하지는 못합니다. 인간이 쉽게 하는 일을 첨단 인공지능을 장착한 로봇은 힘들어 하지요.

생태주의 심리학자들은 이 점을 눈여겨보았습니다. 그래서 인간이 내부적으로 계산하는 것이 아니라, 외부 환경에 있는 정보를 간단하게 처리하는 요소가 있지 않을까 생각했습니다. 제임스 깁슨 같은 학자는 인간이 광학적 무늬를 보며 쉽게 속도와 사물을 판단한다는 것을 밝혀냈습니다. 달리는 속도가 빨라지면 광학적 선이 옆으로 길어집니다. 속도가 느려지면 광학적 선이 짧아지지요. 우리 눈에는 해당 선을 알아차리는 센서가 있다는 거예요. 복잡하게 계산할 필요가 없는 거죠. 덕분에 우리는 만화 장면에서 등장인물 옆으로 긴 선들이 나오면 우리가 더 접근해서 혹은 카메라가 클로즈업으로 더 가깝게 보는 것처럼 실감나게 감각합니다. 그렇게 보라고 자극 반응 연합으로 교육 받은 적이 없는데도 자연스럽게 말이죠.

이게 뭐 대단하냐고 할 수도 있습니다. 그러나 로봇을 만드는 사람에게는 큰 전환점이었습니다. 그전까지는 지능적으로 행동하는 로봇을 완성하고자 뛰어난 계산 능력이 있는 컴퓨터를 로봇 안에 집어넣으려 시도했거든요. 하지만 너무 복잡해서 오류를 제어하기 힘들었습니다. 그런데 환경 정보를 센서로만 처리하면 바로 행동할 수 있다는 사실을 알게 된 거죠. MIT 교수였다가 교수직을 버리고 로봇 기업을 창업한 로드니 브룩스는 생태주의 입장의 대표주자입니다.

로드니 브룩스 같은 생태주의 심리학자는 인간의 인지 과정에 중앙 통제적 정보처리 장치는 존재하지 않는다고 생각합니다. 예를 들어, 빛에 반응해서 울퉁불퉁한 화성의 지표면을 탐사하는 로봇을 만든다고 하면 흔히 정교한 인공지능을 생각하기 쉽습니다. 하지만 로드니 브룩스는 빛 센서를 로봇에 달아 중앙 처리장치 없이 해당 센서의 수치에 따라 바로 바퀴가 돌아가서 장애물을 피하고 특정 목표물로 가도록 했습니다. 물론 통신 장치도 있었지만 화성 탐사 로봇치고는 아주 단순한 구조로 만들어 NASA의 예산을 줄일 수 있었던 것도 바로 생태주의적 접근에 대한 확신 덕분이었습니다. 복잡한 정보처리를 하지 않고도 충분히 목표를 이룰 수 있다면 굳이 로봇에 비용을 더 들일 필요가 없겠지요? 바닥을 굴러다니는 청소 로봇 '룸바'도 로드니 브룩스의 작품입니다. 지뢰 탐지와 방사능 오염 탐지용 로봇인 '팩봇'도 그의 작품이죠.

생태주의 심리학자는 이처럼 '환경에 잘 적응할 정도의 간단한 처리 장치만 있는 마음'이 정답이라고 생각합니다. 인간의 복잡한 행동과 반응을 만들어 내는 것은 내부가 아닌 외부에 있다고 생각하는 거죠. 처리 장치가 복잡한 게 아니라 환경이 복잡해서 그렇게 보일 뿐이라는 주장입니다.

뇌 연구실로 들어간 심리학

인간을 정보처리 장치와 같다고 생각하고 컴퓨터로 인간의 심리 구조를 구현하고자 한 인지주의는 생태주의 심리학자뿐 아니라 뇌 과학자들도 비판적으로 보았습니다.

"컴퓨터? 왜 그걸로 힘들게 만들어? 우리는 정보처리를 하고 있는 뇌를 이미 갖고 있는데 그걸 연구하면 되지."

뇌는 평균 길이 16.7센티미터, 폭 14센티미터, 높이 9.3센티미터로 성인 남자의 두 손을 모아 오므린 것과 비슷한 크기예요. 생각보다 작지요? 하지만 그 뇌 안에는 약 860억 개에서 1000억 개에 이르는 뇌세포가 있습니다. 뇌의 크기보다는 뇌세포끼리 어떻게 연결되어 정보를 주고받는지가 더 중요합니다.

뇌가 마음의 자리라는 사실은 근대에 알게 되었습니다. 중세까지만 해도 과학이 발달하지 않아 겉으로 확인할 수 있는 현상을 보고 마음의 자리를 추리했습니다. 좋은 것을 보면 가슴이 뛰고, 놀라면 가슴이 뛰고, 편하면 심장이 천천히 뛰니 심장에 마음이 있다고 생각했지요. 심장을 칼로 찌르면 영혼도 사라지니 나름 논리적인 결론이기도 했습니다. 하지만 총과 다이너마이트가 발명되고 대규모의 전쟁이 일어나면서 사고를 당해 머리에 충격을 받은 사람이 성격이나 행동이 달라지는 사례를 많이 접하게 되었습니다. 여전히 심장은 생명 유지에 중요하지만 마음 유지에는 뇌가 중요하다는 사실을 알게 된 거예요.

하지만 당시에는 뇌를 해부해서 들여다본다고 해도 과학기술이 발전하지 않아 뇌의 주름을 볼 수 있을 뿐, 뇌의 처리 과정을 자세히 알 수는 없었어요. 그런데 20세기 후반에 CT, MRI, fMRI, SPECT, PET 등 영상 진단 장비가 발전하면서 살아 있는 사람의 뇌를 연구할 수 있게 되자 뇌 연구도 활발해졌습니다.

지금까지의 심리학을 생각해 보세요. 눈에 보이지 않는 구조를 설명하거나, 겉으로 보이는 행동만 다루거나, 복잡하고 추상적인 정보처리를 이야기하거나, 마음보다는 외부의 환경을 더 중요시하는 느낌이 있었죠? 하지만 뇌는 인간 내부에 있으면서도 영상 진단을 통해 정보가 어떻게 흘러가는지 눈에 보이기까지 하니 이해하기 쉽다는 장점이 있습니다. 무엇보다 "이런 행동을 하는 것은 바로 뇌가 이래서 그래요."라고 가정을 검증하니 더 과학적이라 평가되었습니다.

과학을 중시하는 현대 사회에서 뇌 연구가 미치는 영향은 큽니다. 한 예로, 감정을 조절하고 행동을 통제하는 데 중요한 역할을 하는 전전두엽은 20대 중반을 지나야 성숙한다는 사실이 뇌 연구로 밝혀졌고, 이에 따라 10대와 20대 초반 범죄자에 대한 처벌 강도를 줄이게 되었습니다. 그렇다고 완전 끔찍한 범죄까지 면죄부를 준다는 말은 아닙니다. 또 다른 연구인 사이코패스 연구도 있으니까요. 사이코패스는 선천적으로 정상적인 뇌를 갖고 있지 않으며 이는 거의 변하지 않습니다. 아무튼 이것은 또 다른 문제이니 뒤에 성격심리학 부분에서 다루겠습니다.

뇌 과학은 뇌세포의 연결인 시냅스를 중요시합니다. 이런 입장은 인지주의에도 영향을 줘서 복잡한 네트워크인 신경망을 모사한 인공지능을 만들었습니다. 이런 입장을 '연결주의'라고 합니다. 뇌 신경망을 모사한 인공지능은 딥러닝(Deep Learning: 사물이나 데이터를 군집화하거나 분류하는 데 사용하는 기술)을 통해 언어를 배우고, 새로운 언어를 발명하며, 다른 인공지능을 만들어 내는 수준에 이르렀습니다. 그래서 인공지능에게도 인간과 같은 자유의지가 있는지, 자아가 있는지와 같은 철학적 질문도 나오게 되었지요.

눈치챘나요? 뇌 연구가 발달하면서 컴퓨터 과학과 철학 등 다양한 학문과 활발하게 융합되기 시작했다는 것을 말입니다. 포화 상태에 이른 감옥 때문에 골머리를 앓는 미국에서는 '신경 법학'이라는 융합 분야를 통해 도덕성과 관련된 뇌의 작동 원리를 바탕으로 범죄자들에게 도덕적으로 행동하게 만드는 알약을 먹이는 방법도 고려하고 있습니다. 높은 재범률도 문제이니 감옥에서 출소하기 전에 뇌 사진을 찍어서 출소자가 재범을 저지를지 예측해서 그에 맞는 처방을 내리려고도 합니다. 마치 미리 범죄를 예측해 범죄자를 관리하는 내용의 SF 영화 〈마이너리티 리포트〉를 현실화하는 것 같아요.

'신경 마케팅'이라는 분야도 있습니다. 그동안 소비자를 대상으로 설문 조사를 해도 소비자 자신이 그것을 왜 구매했는지 정확히 모를 때가 많아 문제라는 지적이 있었습니다. 그런데 어떤 상품을 원하고 원하지 않는지 뇌 반응을 확인한다면? 정확한 응답을 얻어 광고와 마케팅에 사용할 수 있지 않을까요? 교육에서도 뇌의 반응 패턴을 보고 학생이 좋아하는 방식으로 교육을 시키고 적성을 찾아 줄 수 있지 않을까요? 이런 분야를 '신경 교육'이라고 합니다. 이처럼 뇌 연구를 통한 마음의 이해는 사회 곳곳에 영향을 끼치고 있거나 또 끼칠 수 있답니다.

뇌 연구의 잠재성을 알아본 미국과 EU(유럽연합)는 대규모의 뇌 과학 연구를 진행하고, 그 결과를 공유해서 다양한 분야가 협력하고 응용할 수 있게 했어요. 일반 시민들도 참여할 수 있도록 했죠. 인터넷 사이트 www.mozak.science/landing에 접속하면 '모자크'Mozak 게임을 통해 3차원 신경세포를 복원하는 것뿐만 아니라 신경세포를 종류별로 분류할 수도 있으니 여러분도 한번 해 보세요.

뇌 연구를 보면 뇌가 곧 마음처럼 느껴집니다. 하지만 이런 접근에 반기를 드는 사람도 많이 있습니다. 철학자이자 인지 과학자이며 신경 과학자인 알바 노에는 『뇌 과학의 함정: 인간에 관한 가장 위험한 착각에 대하여』(*Out of Our Heads*)에서 이렇게 주장했습니다.

"뇌는 난로가 열을 내듯이 의식을 만들어 내지 않는다. 차라리 악기에 비교하는 것이 더 나을 것이다. 악기는 혼자서 음악을 만들거나 소리를 내지 않는다. 사람들이 음악을 만들거나 소리를 내도록 해 줄 뿐이다. 당신은 당신의 뇌라는 프랜시스 크릭의 생각, 더 기본적으로 말해 소화가 위의 현상이듯이 의식이 뇌의 현상이라는 생각은 저절로 연주되는 오케스트라와 같은 환상이다."

비판적인 학자들은 마음이 뇌 속에서 일어나는 신경적 상태 또는 과정이라는 생각에 반대합니다. 그보다는 신경적 기능 구조인 뇌와 뇌 이외의 몸, 그리고 환경과 동떨어지지 않은 결합체 상에서 이루어지는 행위를 중심으로 연구해야 한다고 주장합니다. 임상심리학자 루시 존스턴 박사는 "빈곤, 차별, 학대, 정신적 외상(트라우마) 등 사회적·심리적 환경의 복잡한 결과 때문에 사람들이 정신적 문제를 겪는다는 증거가 매우 많다."고 했습니다. 그는 "정신 건강 문제를 생물학적 질환으로 보는 건 도움이 안 된다."며 뇌를 통해 인간의 마음을 설명하려는 입장에 반대합니다.

이렇듯 뇌 연구를 통한 심리 설명에 대해 다른 심리학 분야의 반발이 만만치 않습니다. 그럼에도 많은 뇌 과학자와 일반 대중은 뇌를 통해 마음이 어떻게 작동하는지를 설명하는 연구에 열광합니다. 시각적으로 어떤 부위가 해당 심리 현상과 관련이 되는지를 볼 수 있고 설명도 간단하기 때문이죠.

"바로 이 부위가 활성화되면 고약한 성격 문제가 일어나요. 설명 끝."

어떤 연구가 과학적으로 더 좋은 이론인가를 판단하는 기준으로 간편성의 원리가 있습니다. 좀 더 전문적 느낌이 나게 '간명성의 원리'로 번역하기도 합니다. 간편성의 원리는 어떤 현상의 원인이 될 수 있는 독립변수의 숫자가 적으면 적을수록 좋다는 원리입니다.

예를 들어, 어떤 사람이 쇼핑몰에서 타임 세일 물건을 허겁지겁 사는 모습을 설명한다고 가정해 보죠. 어릴 적 그 사람의 사회적, 경제적, 교육적 환경 변수와 개인의 성격 유형과 현재의 경제력과 해당 상품에 대한 평소 관심도 등을 원인으로 놓고 설명하는 것은 복잡합니다. 하지만 타임 세일이라는 말에 교감신경계가 흥분하면서 편도체가 더 많이 활성화되어 이성적이지 않은 판단으로 충동구매를 했다는 설명은 단순합니다. 그리고 더 명확해 보입니다. 설명을 돕기 위해 PET이나 fMRI 촬영을 통해 해당 부위가 특별한 색깔로 표시된 뇌 사진까지 덧붙이면? 더 명확해 보입니다.

일반인이 잘 들어 보지 못한 복잡한 학문 개념이 나오는 것보다 신경 생리와 뇌 해부학 지식이 없어도 일단은 시각적으로 과정을 볼 수 있는 연구가 더 좋은 반응을 얻습니다. 이게 뭐가 문제냐고요? 확실하게 마음이 뇌라면 문제될 것이 없습니다. 하지만 단순화된 뇌 연구를 비판하는 학자들의 주장처럼 진정 중요한 다른 요인을 무시한다면 문제가 될 수 있겠지요?

지금까지 살펴본 구조주의, 행동주의, 인지주의, 생태주의, 연결주의 등은 각각의 장점과 단점이 있습니다. 마음에 대한 이해를 잘하려면 각 접근법의 장점은 극대화하고 단점은 최소화하는 게 좋겠죠? 그래서 이제는 모두를 융합하는 흐름이 생겼습니다.

이번 장까지는 심리학의 탄생과 주요 발전 과정을 역사적 순서로 살펴보았습니다. 다음 장부터는 심리학이 다루는 주요 세부 주제와 엎치락뒤치락하면서 발전한 핵심 연구를 소개하고 응용 사례들을 알아보겠습니다. 다양한 심리학 연구 분야를 독자 입장에서 더 편하게 이해할 수 있게 개인과 관련된 심리학 분야, 사회적 관계와 관련된 심리학 분야로 나눠서 설명했습니다. 그리고 마지막 장에는 시험 불안, 미루는 습관 등 더 구체적으로 청소년에게 유용한 심리학 이론들을 따로 모아서 소개했습니다. 심리학이 실제로 우리 삶에서 어떻게 쓰이는지 알아보는 재미를 누려 보세요.

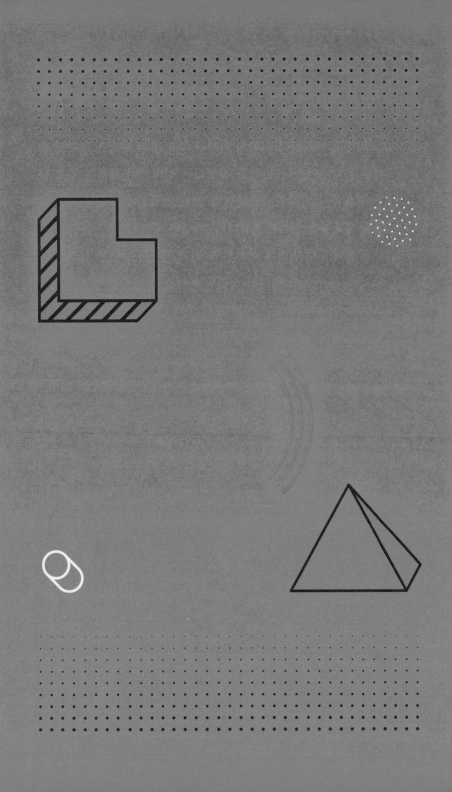

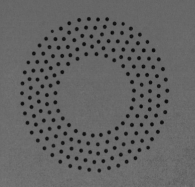

2장

나를 들여다보는
심리학

개인적 치료를 위한 상담심리학과 임상심리학

마음을 치료하는 심리학

심리학이라고 하면 가장 많이 떠오르는 장면은? 아마도 상담하는 장면이겠지요. 고개를 끄덕이는 분들에게 다시 질문해 보겠습니다. 상담은 상담심리에서 할까요, 임상심리에서 할까요? 너무 쉽다고요? 이름부터가 상담심리인 곳에서 상담을 하겠지요. 하지만 임상심리에서도 상담을 합니다. 그렇다면 둘의 차이는 뭘까요?

상담심리를 공부한 상담심리사는 심리적 부적응을 겪는 이들에게 개인 상담 또는 집단 상담을 합니다. 그래서 상담심리사는 기관이나 학교 등 상담이 필요한 곳이라면 어디에나 있지요.

딱히 정신적 문제가 심각하지 않아도 상담심리사의 도움을 받을 수 있습니다.

임상심리는 '질환', '재활', '환자'라는 개념이 더 많이 들어간 상담과 치료를 합니다. 물론 신체적 질환을 다루지 않고 미용 목적으로 운영하는 일부 성형외과에서도 방문객을 부를 때 '환자 분'이라고 하니, 누구를 환자로 볼 것인지의 문제는 남아 있습니다.

정상과 비정상의 구분도 논란거리입니다. 실제로 현대인들은 극심한 스트레스 속에서 살고 있어 누구나 어느 정도 병리적인 문제를 갖고 있습니다. 그러니 상담심리사와 임상심리사를 구별하는 것이 더욱 힘들지요. 다만 임상심리를 공부한 임상심리사는 주로 병원에서 근무합니다. 물론 상담소에서 근무하기도 하는데 일반 스트레스 상담보다는 더 위중한 심리적 질환을 다루는 편입니다. 상담심리나 임상심리 모두 개인적 문제를 해결하는 목적은 같습니다. 그런데 상담심리와 임상심리가 목표로 삼는 '심리 치료'라는 게 대체 뭘까요?

심리 치료는 '심리 요법'이라고도 번역됩니다. 피부 미용 목적으로 녹차 테라피를 받는다고 할 때 진지한 치료보다는 가벼운 마음으로 녹차를 적용해 보는 장면이 떠오르지 않나요? 심리 치료는 이와 비슷한 이미지입니다. 물론 심각한 정신 질환을 가진 사람도 있으니 진지한 이미지를 생각할 필요도 있습니다. 하지만 학교나 상담 센터를 찾을 때는 좀 더 가벼운 이미지를 떠올리는 게 좋습니다. 심리 치료의 학문적 정의가 '심리적 문제가 있는 대상에게 심리학을 이용하여 문제 해결을 돕는 방법'이거든요.

심리 치료는 수술처럼 직접 문제의 원인을 드러나게 해서 없애는 식의 치료가 아닙니다. 환자가 문제를 일으키는 자신의 생각, 감정, 행동, 대인 관계에 대해 자기 자신을 차분히 관찰해서 문제의 본질을 이해하고 변화하도록 돕는 게 심리 치료 혹은 심리 요법이에요. 문제 해결의 주체는 상담사가 아니라 상담을 의뢰한 사람이랍니다. 피부 문제 해결의 주체가 녹차 티백 제작자가 아니라 그 티백을 쓰는 당사자이듯이. 참고로 치료를 뜻하는 '테라피'therapy라는 단어는 그리스어 'therapeutikos'에서 나온 것이고, 이 단어는 '다른 사람을 돌보는 사람'이라는 의미를 지니고 있답니다.

어떨 때 누가 상담을 받아야 할까?

문제가 문제인지 모르는 게 문제라는 말이 있습니다. 무엇이 문제인 줄 알아야 그 문제를 해결할 수 있는 방안을 찾으니까요. 문제인 줄 모르고 그냥 놔뒀다가 심리적 상처가 더 커져 걷잡을 수 없는 지경까지 악화되면 안 되겠지요? 하지만 문제를 아는 것이 문제라는 기분이 들 수 있습니다. 오죽하면 속담에도 '모르는 게 약'이라는 말이 있겠어요? 문제인 줄 몰랐으면 해결해야 한다는 부담감은 느끼지 않아도 되니까요.

그렇다면 이 같은 부담감을 주지 않기 위해서 문제가 있어도 상담자는 내색하지 않아야 할까요? 상담은 앞에서도 말했듯이 '치료'가 목적입니다. '위로'도 하지요. 하지만 '치료'가 궁극적인 목표입니다. 그래서 의뢰자가 자신의 문제를 객관적으로 이해해서 주도적으로 문제를 해결할 수 있도록 기회가 될 때마다 도우려 합니다. 매번 "힘들겠어요."라며 위로만 하는 게 아니라 "그렇게 힘드니 이제는 더 힘들지 않게 새로운 도전을 해 보는 게 어떨까요?"라고 슬쩍 이야기합니다. 그냥 그대로 살면 얻을 고통과 힘들어도 새롭게 도전할 때 얻을 변화를 비교해서 이야기하기도 합니다.

문제도 부담인데, 해결책까지? 부담이 두 배가 됩니다. 다른 사람이 무작정 강요하는 해결책이라면 그냥 무시하겠죠. 하지만 자기 자신도 그게 문제이고 그 해결책을 실행하면 더 나아질 것을 압니다. 스스로 알고 있는 이상 무시할 수 없어요. 상담자가 강요해서가 아니라 자기 자신도 변화를 바라고 있으니 상담 시간이 아니어도 계속 부담감을 느낍니다. 그래서 상담을 받으면 더 힘들다는 말이 있습니다. 바로 그 힘들다는 지점에서 조금만 더 힘을 내면 성장하지요. 나중에는 상담 받기를 잘했다고 생각하게 됩니다.

반대로 움츠러들면 성장의 기회는 날아가고 상담이 힘들다는 인상만 남습니다. 문제를 인식했는데 문제를 해결하지 못한 자신을 탓하거나 그렇게 만든 남 탓을 합니다. 그래서 상담을 조금 해 보고 아니다 싶어 이내 다른 곳을 찾고, 거기도 아니다 싶어 또 다른 곳을 찾으면 매번 자신이 왜 힘든지 설명만 하게 되어 더 힘들어집니다.

상담이 효과를 거두려면 자신의 힘으로 문제를 바라보고 해결할 힘을 기를 수 있는 시간이 필요합니다. 흔히 상담하면 효과가 있다는 말을 듣고 과도한 기대를 갖고 있었는데 현실에서는 조금씩 변하니 답답한 마음에 더 힘들게 느끼기도 합니다. 상담의 본질이 자기 자신의 문제를 스스로 이해하고 해결할 수 있도록 상담자가 돕는 일임을 안다면 상담자에 대한 과도한 기대가 아니라 자기 자신의 다짐에 더 마음을 쓰지 않을까요? 그래서 실제로도 더 효과를 거두지 않을까요?

상담을 힘들게 하는 또 다른 이유로는 자아방어 기제가 있습니다. 자아가 상처 받지 않도록 보호하기 위해 나타나는 것이죠. 미성숙한 사람은 상담을 통해 자극을 받을 때 자아를 성장시키지 않는 쪽으로 자아방어 기제를 사용합니다. 상담을 힘들게 하는 대표적 자아방어 기제 유형은 다음과 같습니다.

첫째, 부정입니다. 현실의 문제에 눈을 감아 버립니다. 남편의 폭력을 두고 그것은 폭력이 아닌 사소한 다툼이라고 생각하는 식으로요. 부정은 문제 이해 자체를 막아 버려 상담 효과를 없앱니다. 기본적이고 또 쉽게 할 수 있어서 가장 문제가 되죠.

둘째, 투사입니다. 자신의 내부에 있는 문제이지만 그 사실을 받아들일 수 없을 때 마치 프로젝터로 영상을 외부 대상에 투사하듯이 문제를 남에게 돌리는 것이에요. 만약 자기 자신이 누군가를 미워하고 있다면 그 사실을 인정하지 못하고 도리어 상대가 나를 미워한다고 생각하는 것입니다. 자기가 상대에게 음란한 마음을 가졌으면서도 상대가 자신을 유혹했다고 생각하는 것도 투사입니다. 자기가 남에게 인정받고 싶으면서도 상대를 '관심종자'라고 욕하는 것도 투사입니다.

셋째, 합리화입니다. 현실 문제를 인정하지 않기 위해 그럴듯한 이유를 만들어 설명하는 것입니다. "아, 그것은 제가 게을러서 안 하는 것이 아니라 대한민국의 역사적 특수성과 청년 실업문제, 입시제도 문제, 경제 상황을 고려했을 때 불가능한 일이라서 도전하지 않는 거예요."와 같은 식으로 게으른 자신을 인정했을 때 얻을 수 있는 감정적 충격을 피하려 이성적으로 그럴 듯한핑계를 만들어 냅니다.

이 밖에도 퇴행, 전이, 승화, 철회, 동일시 등의 자아방어 기제가 있습니다. 그런데 이 자아방어 기제를 아는 것 자체가 굉장히힘듭니다. 자기 자신에게 미성숙한 자아방어 기제가 있음을 인정해야 하는데 그 사실부터 부정하고 합리화할 수 있으니까요.

만약 여러분이 위에 말한 세 가지 자아방어 기제를 읽으며 뭔가 콕콕 찔리는 것 같이 마음이 힘들고 동시에 자기 자신의 마음을 더 잘 이해하게 되었다면, 성장을 향한 올바른 길에 선 것이니힘들더라도 그 길을 계속 가야 해요!

심리 치료의 방법은 어떤 것이 있을까?

심리 치료 방법은 아주 다양합니다. 상담을 의뢰한 개인의 특성에 좀 더 적합한 방법들을 찾아 왔으니까요.

먼저 20세기 초반의 정신분석학자 프로이트부터 썼던 '정신분석 치료'가 가장 유명합니다. 긴 의자에 상담 의뢰자를 눕히고 편안한 상태에서 이야기를 하도록 해서 상담자가 문제를 분석했지요. 정신분석 치료는 의식보다 무의식을 더 중시했습니다. 초기 상담사 중에는 의식의 힘이 미치지 않는 본능적인 영역의 이야기를 끄집어내기 위해 최면을 쓰기도 하고 마약을 쓰기도 했지만 지금은 그렇지 않습니다. 추상적인 그림을 보여 주는 등 다양한 방법으로 무의식을 자극할 수 있으니까요.

또, 인지 행동 치료라는 것도 있습니다. 약자로 CBT cognition-behavior therapy라고 부르며 한국에도 많은 인지행동 치료 상담 센터가 있습니다. 인지 행동 치료는 무의식을 자극하기 위해 애쓰지 않습니다. 사람들의 사고방식과 행동 방식의 연합을 객관화시켜 스스로 문제점을 인지적으로 확인해서 행동 변화를 이끌어 내는 데 집중합니다.

예를 들어 볼까요? 친구와 만나기로 약속을 했는데 그 친구가 약속 시간이 다 되어서야 못 온다고 간단하게 문자를 보냈습니다. 여러분은 어떤 생각이 드나요? 다양한 반응이 있을 수 있습니다. 어떤 사람은 "나를 무시해? 나는 존중받을 만한 존재가 아닌가?"라고 생각해서 우울해합니다. 이런 경우 인지 행동 치료 사는 상대방이 실제로 나를 무시한 객관적 증거가 있는지를 확인하게 하고, 상대방이 급한 일이 생겼을 가능성을 생각하게 하고, 평소에 그 사람이 상담 의뢰자에게 배려했던 모습을 떠올리게 해서 우울한 감정을 변화시킵니다. 어떤가요? 사고방식을 객관화하는 것만으로도 변화가 가능하겠지요?

인지 행동 치료는 우울증, 강박증, 불안 장애, 트라우마 치료에 효과를 보였습니다. 그래서 더 전문적으로 개인의 특성에 따라 효과를 얻기 위해 연구를 거듭하여 수용 전념 치료, 행동 요법, 인지 분석 치료, 합리 정서 행동 치료 등으로 발전했습니다.

한편, 역동 대인 관계 치료도 있습니다. 이것은 개인 내부의 문제 해결이 아니라 타인과의 관계 향상이 목적입니다. 정신분석 치료에 비해서 짧게 진행되는 치료입니다. 개인이 특정 인물과 가지고 있을 수 있는 문제적 유대감을 이해하도록 돕기만 하면 되니까요. 예를 들어, 별 이유 없이 어떤 선생님을 싫어하는 학생이 있습니다. 그 학생이 무의식적으로 자신이 미워하는 아빠의 이미지와 선생님을 동일시하는 것이라고 분석하고 무의식 치료를 하려면 시간이 많이 걸립니다. 이럴 때 선생님을 싫어하는 심리적 뿌리가 아니라 해당 선생님과 상호작용을 바꾸는 것에 주안점을 두어 만났을 때 인사는 어떻게 하고 어떻게 대화하면 좋은지 이해하도록 하는 것입니다.

다음으로 인본주의 치료가 있습니다. 이 치료는 당사자 과거의 문제에서부터 생긴 고통을 깊이 있게 다루는 것이 아니라, 현재 상태에서 벗어날 수 있는 대안을 제시하는 데 초점을 맞추고 있습니다. 대안을 스스로 제시할 때까지 이야기하게 하는 것이 주된 특징입니다. 상담자는 들어주는 입장에 있지요.

그리고 예술 치료가 있습니다. 미술, 음악, 문학, 영화, 무용 등 예술이 가진 정서적, 지적 요소를 활용해서 심리 치료가 되도록 합니다. 해당 작품을 감상하는 것도 예술 치료이고, 예술 활동을 직접 해 보는 것도 예술 치료입니다. 당사자가 감정적으로 억눌려 있던 것을 새롭게 발산하면 됩니다.

드라마 치료라는 것도 있습니다. 드라마 장르를 활용해 자신의 문제를 객관적으로 보게 하고 몰랐던 감정을 이해하거나 발산하도록 합니다. 텔레비전에서도 드라마 치료가 자주 소개됩니다. 상담 의뢰자의 상황과 비슷한 드라마 대본이 제시되고, 환자는 자기 자신이나 상대방을 연기하면서 문제를 발견하고 이해하게 되는 거죠. 때로는 돌아가신 어머니를 연기하는 상담사와의 대화를 통해 못 다한 화해를 하는 등 현실에서는 불가능한 상황에 몰입해서 감정적인 문제를 해결하기도 합니다.

이 밖에도 가족 치료, 실존 치료, 게슈탈트 치료, 단기 집중 치료, 교류 분석 등 전문적인 치료가 많이 있습니다.

실제 상담 들여다보기

자신의 문제로 상담을 받고 싶거나 나중에 상담을 하는 심리 상담사가 되고 싶은 사람 모두 실제 상담이 어떻게 이뤄지는지 궁금할 거예요. 그런데 앞에서 말했듯이 상담 기법은 다양해요. 정신분석 기법을 쓰는 사람과 예술 치료를 하는 사람은 실제 상담 모습이 아주 다를 수밖에 없어요. 하지만 궁금한 독자를 위해 일반적으로 상담 하면 떠오르는 대화 중심의 상담을 사례로 소개해 볼게요.

어느 날, 상담실을 찾은 중학생이 눈물을 글썽이며 말했어요.

"새 학기를 맞아 저도 새로운 마음으로 다시 시작하고 싶어요. 하지만 과거의 일이 계속 떠올라서 너무 괴로워요."

저는 조심스럽게 물었습니다.

"어떤 일인지 말해 줄 수 있어요?"

한참을 망설이던 학생은 힘겹게 입을 뗐습니다.

"초등학교 5학년 때 친한 친구 둘이 있었어요. 그 친구들끼리 서로 밀고 당기고 장난치며 하교를 하다가 한 친구가 다른 친구의 손길을 피하려고 잠깐 도로로 내달렸죠. 그러다 그만 그 친구가 차에 치이는 바람에 골반이 부서져 걸을 수 없게 되었어요. 친구가 과하게 장난칠 때 말리지 않았고, 사고를 당할 때 옆에서 그냥 보고만 있었다는 죄책감에 너무 괴로워요."

저의 상담실을 찾아온 학생은 과거의 힘든 기억 때문에 전학도 가고 상담도 받았다고 해요. 상담 덕분에 고의가 아닌 사고에 죄책감을 가질 필요가 없다는 것을 머리로는 알게 됐다며 오히려 더 많이 울었습니다.

"사고를 당한 친구가 얼마나 괴로울지 생각하면 웃으며 지내는 게 여전히 죄를 짓는 것처럼 느껴져요."

그래서 자신에게 벌을 줘야 한다는 생각에 중학교에 와서 등교 거부, 폭력, 게임 중독 등 문제 행동을 저질렀다고 했습니다.

여러분도 상담하러 온 중학생과 같지는 않아도 과거에 겪었던 잊을 수 없는 사건이 하나쯤은 있을 거예요. 심리적 상처는 주관적이에요. 어떤 것은 상처이고 어떤 것은 상처가 아니라는 객관적 기준이 있는 게 아니라 자신이 아프면 무엇이든 상처가 될 수 있어요. 여러분에게도 떠올릴 때마다 당시의 아픔이 고스란히 느껴지는 사건이 있을지 몰라요. 가깝게 지내던 가족이나 친구가 자신에게 상처를 준 일, 학교 폭력이나 사고를 목격한 일, 자신의 힘으로는 어쩔 수 없었던 상황에서 피해자가 된 일, 의도치 않게 상대방에게 상처를 입혔다는 생각에 마음 아픈 일 등.

이렇게 과거에 극심한 충격을 불러온 외부 사건으로 인해 현재까지 정신적인 불안과 스트레스를 겪는 것을 심리학에서는 '트라우마'trauma라고 해요. 다른 말로 '외상 후 스트레스 장애'라고도 하죠. 과거에 겪은 충격적인 사건과 조금이라도 비슷한 상황이 벌어지면 극심한 스트레스를 받아 사고나 행동이 정지되거나, 아예 그 스트레스 상황에서 벗어나려고 도피하거나, 혹은 다른 무언가에 중독되기도 합니다.

가벼운 멍이나 찰과상부터 아주 깊은 상처에 이르기까지 신체적 상처의 종류가 다양한 것처럼, 심리적 외상에도 생각날 때마다 부끄러워 이불 킥을 하게 되는 비교적 가벼운 상처부터 극단적인 선택을 하게 만드는 심각한 상처까지 여러 종류가 있어요. 마음에 깊은 상처를 입었거나 비슷한 상황에 잇따라 노출되어 계속해서 상처의 틈이 벌어지고 있다면 반드시 전문가의 도움을 받아야 해요.

앞서 상담을 하러 온 학생은 사건 이후 몇 년이 지났음에도 계속해서 트라우마를 겪고 있어요. 누군가 자신과 친구가 되려고 다가오면 초등학생 시절이 비극으로 끝났던 것을 떠올리며 폭력을 써서라도 마음의 벽을 두른다고 했죠. 친구 자체를 사귈 가능성이 없도록 말이에요. 그렇게 혼자만의 세계에 머무르기 위해 게임에도 빠지게 됐다고 해요. 그러다 보니 주변에 친구가 더 줄어들게 되고, 스트레스는 계속해서 쌓여 외부 상황에 더욱 민감해진 것으로 보입니다. 매사에 민감하게 반응하다 보면 에너지를 쓰게 되어 긍정적으로 다시 시작할 힘이 그만큼 줄어들게 되죠. 결국 에너지가 고갈되면 조울증이나 우울증에 걸리게 됩니다.

악순환의 고리를 끊는 상담

그렇다면 어떻게 해야 이 악순환의 고리를 끊을 수 있을까요? 프로이트에 따르면 사람의 마음속에는 살고 싶은 욕망인 '에로스'eros와 죽고 싶은 욕망인 '타나토스'thanatos가 있다고 해요. 인간은 행복하게 살려는 마음, 즉 에로스에 의해 일을 하고 예술을 창조하고 즐기며 살고자 합니다. 하지만 죽음의 본능인 타나토스로 인해 삶을 파괴하는 전쟁이나 폭력을 감행하기도 하죠. 주목해야 할 것은 그렇게 전쟁이나 폭력을 저지르는 사람조차도 그것을 수단으로 행복해지고 싶어 한다는 점이에요.

살아 있는 사람에게는 에로스의 힘이 계속 작용하고 있습니다. 따라서 에로스에 더 힘을 몰아 줘야 합니다. 앞으로 계속 고통 받으며 살고 싶지 않다면 지금 꼭 트라우마를 극복해야 한다는 것을 머리가 아닌 가슴이 이해할 수 있어야겠죠?

참고로 저는 앞의 상담 학생에게, 학교 폭력의 피해자로서 오랜 시간을 상처 속에서 살다가 극단적인 선택까지 한 이후 기적적으로 생존해 완전히 다른 삶을 살고 있는 한 학생의 강연 영상을 보여 줬습니다. 강연에서 그 학생은 자신이 겪은 일련의 사건을 통해 행복해지고 싶다면 스스로를 불행하게 만드는 일을 지우고 현재의 삶에 충실해야 한다는 것을 깨달았다고 말했어요. 그리고 자신이 했던 극단적 선택을 다른 사람이 저지르지 않도록 하려면 어떻게 해야 할지 생각해 보라고도 했습니다.

영상을 다 보여 준 다음에 제 자신의 이야기도 들려줬습니다. "저는 제가 실수한 것을 파고들어 책을 쓰고 상담도 해요. 실수에서 멈추면 패배자지만, 그 실수의 경험을 나누면 승리자가 될 수 있거든요. 저와 같은 실수를 하는 피해자가 더 많아지는 일을 막는 것으로 속죄할 수도 있고요."

자아 정체성이 없다 보니 혼란스러워서 나 자신뿐만 아니라 가족과 친구를 불안하게 했던 경험을 바탕으로 『자아 놀이 공원』을 쓰게 되었고, 학교 폭력의 가해자와 피해자, 방관자의 경험을 바탕으로 『주먹을 꼭 써야 할까』를 썼다고 말했습니다. 제 책들의 작가 후기는 흑역사 고백에 가깝다고요.

미국의 심리학자이자 작가인 마샤 리네한은 '경계성 성격장애'(경계성 성격장애 환자는 양극단 경계를 오가는 기분 변화를 보입니다. 사랑하던 사람을 비하하고 공격하기도 합니다. 부정, 합리화, 투영 등 다양한 자아방어 기제를 활용해서 현실을 있는 그대로 받아들이지 않고 왜곡시키며 책임을 회피합니다. 그래서 개인적 성장 발달 수준과 대인 관계 모두 좋지 않습니다.) 환자였던 자신의 트라우마를 극복하고 심리학자가 되어 변증법적 행동 치료라는 새로운 상담 기법을 만들기도 했습니다. 이런 다양한 사례를 상담 학생에게 말해 줬습니다.

여기까지의 상담을 통해 학생이 바뀌었을까요? 아니에요. 각성과 결심만으로는 바뀌지 않아요. 학교 성적이 떨어진 다음에 공부 계획을 많이 세웠다고 해서 저절로 성적이 나아지지 않는 것처럼요. 일상을 다시 설계하고 실행해야 합니다.

과거에 발목이 잡히는 이유는 현재의 변화에 주목하지 않고 과거의 상황을 계속해서 떠올리기 때문입니다. 트라우마를 극복하려면 과거에 얽매이지 않는 훈련을 해야겠죠? 그 방법 중 하나로, 혼자 하는 일의 종류를 바꿔 보는 것을 추천합니다. 컴퓨터 앞에서 게임에만 몰두할 게 아니라 학교나 체육관에서 운동을 해 보는 식으로요. 몸을 움직이면 에너지 대사가 이뤄지면서 스트레스가 줄어들게 되니까요. 그리고 신체가 피곤해지니 자연스럽게 부정적인 과거나 현재의 사건에 몰두할 기회도 적어지죠. 참고로 저는 상담할 때 상담을 의뢰한 사람과 함께 산책을 하거나 대형 서점에 가거나 영화를 보기도 합니다. 주변의 새로운 경관 등을 관찰하며 걷거나 새로운 경험을 하다 보면 에너지 대사가 이뤄지고 심리적으로도 긍정적인 영향을 받게 되거든요.

심리학에는 '외상 후 성장'이라는 용어가 있습니다. 이는 단지 트라우마를 겪기 전의 상태로 돌아가는 것이 아니라 '아픈 만큼 성장한다'는 말처럼 상처를 극복하고 더 멋지게 성장하는 효과를 말합니다. 상처를 받았으니 그 상처를 반복하지 않기 위해 더 노력합니다. 개 농장을 운영하던 아버지로 인해 열악한 환경에서 살아가는 개들을 그저 지켜볼 수밖에 없었던 어린 시절의 트라우마를 딛고 대표적인 반려견 전문 훈련사가 된 강형욱 씨처럼 말이죠.

위에서 언급한 몇 가지 방법들에는 공통점이 있습니다. 바로 과거가 아닌 현재와 미래에 더 집중하는 시간을 가진다는 것이죠. 이 원칙만 지킨다면 어떤 상담 방법이든 괜찮습니다. 과거의 고통 자체를 발굴해 내는 상담은 긍정 에너지를 빼앗아 오히려 행복과 더 멀어질 수 있으니 꼭 미래지향적으로 접근하려 노력해 보세요.

나의 성장을 연구하는 발달심리학

발달심리학은 어떻게 발달했지?

인간은 태어나 죽음에 이르기까지 다양한 심리 상태와 행동을 경험하게 됩니다. 그래서 전 생애에 걸쳐 인간의 행동을 이해하고 변화의 원인을 이해하기 위한 발달심리학이 만들어졌어요. 인간의 신체적 발달과 노화를 고려해야 하니 생물학 지식도 필요하고, 사회적 존재로 성장해서 사회적 활동을 하니 사회학 지식도 필요하고, 교육을 받아 성장하니 교육학 지식도 필요하고, 올바른 인간으로서의 성장 방향을 찾아야 하니 인류학과 철학적 접근도 필요하고, 성장 중에 생길 수 있는 문제에 대한 치료도 필요해서 현재의 발달심리학은 융합 학문적인 특성을 갖고 있습니다.

발달심리학자는 아동·청소년·성인·노인과 관련된 교육·상담·복지·정책 분야에서 활동하기도 하고, 발달 증진 프로그램을 만들어 일반인의 삶에 도움을 주고 있습니다. 특히 발달심리학자는 아동에게 관심이 많습니다. 방치되거나 학대 받은 아동은 지적 결함이 생기고 학업에 어려움을 겪고 우울증에 걸려 정서적 고통을 받습니다. 그중 일부는 심리적 상처와 불안을 주체하지 못해 타인을 공격하는 사건 사고를 일으켜 사회적 문제를 만들 수 있기 때문에 심리학자들은 심리적으로 연약한 유아기와 아동기, 청소년기에 더 관심을 갖고 있습니다.

결국 문제를 일으킬 수 있는 각 개인뿐만 아니라 사회 전체 구성원들이 행복하게 지내기 위해서는 발달심리학의 도움이 필요합니다. 이런 필요성을 감지해서 발달심리학의 기틀을 만든 학자는 바로 피아제입니다.

피아제는 문학 교수인 아버지 덕분에 풍성한 인문학적 분위기에서 자랐습니다. 어릴 때 식물원에서 아르바이트를 하면서 생물학에 큰 관심을 가지게 되었습니다. 씨앗에서 줄기가 나와 나무로 성장하는 모습을 보며 크게 감명을 받았지요. 커다란 나무를 보면 처음에 작은 씨앗이었다는 것을 잊기 쉽습니다. 마치 어른을 보면 그 사람이 갓난아기였다는 사실을 잊기 쉬운 것처럼요. 피아제는 막연하게나마 인간의 성장이 식물처럼 각 단계를 거치며 전혀 다른 존재가 된다고 생각했습니다.

피아제는 어릴 때부터 천재적이었습니다. 식물뿐만 아니라 동물에도 관심이 있어 고등학교를 졸업하기 전에 논문 몇 개를 출판할 정도였지요. 피아제는 심리학이 아닌 자연과학으로 박사학위를 받았어요. 그리고 개인적 관심으로 정신분석학을 공부했지요. 그러다가 지능 검사를 만든 알프레드 비네가 운영하는 학교에서 아이들을 가르치게 되었습니다. 그 학교에서 피아제는 식물을 관찰하고 동물을 관찰했던 자연과학자답게 어린이를 관찰했습니다.

관찰 일지를 쓰면서 피아제는 어린이들이 특정 질문에 시종일관 틀린 답을 내고 있음을 알게 되었어요. 틀린 답 자체가 문제가 아니라 틀리게 답을 하는 것에도 일관된 패턴이 있다는 것에 주목했습니다. 예를 들어, 파란색 나무 조각과 노란색 나무 조각, 파란색 책, 나무 장난감, 다른 파란색 사물들을 놓고 같은 것을 다양하게 묶어 보라고 하면 6세 이전의 아이는 나무라는 추상적 개념이 발달하지 않아 일단 눈에 잘 띄는 색깔로만 계속 분류하지요. 행동을 할 때에도 인형 머리를 빗어 주기 전에 꼭 자기 머리부터 먼저 빗는 등의 일정한 패턴이 있다는 것을 발견했습니다.

그렇게 생각하고 행동하라고 교육받은 적도 없는데 아이들이 비슷한 패턴을 보이는 이유를 찾으려고 피아제는 계속 연구했습니다. 그리고 마침내 자연과학자였던 피아제는 자신의 연구 성과를 인정받아 스위스 제네바 대학의 심리학과 교수가 되었습니다. 바로 인간의 성장을 네 가지 발달 단계로 나눈 연구로 말입니다. 피아제의 네 가지 발달 단계 연구는 다음과 같습니다.

첫 번째 단계는 감각운동기입니다. 출생 직후부터 2세까지 감각과 운동 기술을 이용해 주변 세계를 경험합니다. 그리고 외부의 물체가 어떤 것인지 인식하게 됩니다. 딸랑이 장난감, 모빌, 젖병 등을 감각으로 알게 되고 각도마다 다르게 보여도 그것이 같은 물건이라는 사실도 알게 됩니다.

두 번째 단계는 전조작기입니다. 약 2세부터 7세까지 상상을 넣어 생각하는 능력이 커집니다. 소꿉놀이를 할 때에도 분명 모래이지만 '밥'이라고 생각하며 놀고 상상 친구도 만들어 놀고 돌이나 의자와 같은 무생물과도 거리낌 없이 대화를 나눕니다. 그 전보다 몸을 잘 움직이게 되어 외부 물건을 직접 가지고 놀게 됩니다. 다른 운동도 할 정도로 신체적 능력이 발달하죠.

세 번째 단계는 구체적 조작기입니다. 약 7세부터 11세까지 초등학교에 해당하는 시기에 기초적인 세상 지식을 갖게 됩니다. 구체적으로 사물을 분류하고 서열화하고 초보적인 논리 사고를 할 수 있게 됩니다.

네 번째 단계는 형식적 조작기입니다. 11세 이후가 되면 눈에 보이지 않는 것에 대해서도 생각을 하고 논리를 사용하게 되는 등 추상적·이성적 사고가 발달합니다. 계속 사고력을 발달시켜 지식을 정교화하고 세상에 적응하게 됩니다.

피아제의 이론은 문제점도 많지만 인지 발달 외에도 현대 사회에서 중시하는 도덕성을 중요하게 다루었다는 점에서는 의의가 큽니다. 피아제는 도덕성 발달에도 단계가 있다고 생각했습니다.

첫 번째 단계는 전도덕기입니다. 피아제는 5세 이전 아동의 경우는 옳고 그름에 대한 일관된 이해가 없다고 생각했습니다. 비록 2013년에 심리학자 햄린이 생후 8개월 된 영아들을 대상으로 연구한 결과, 이들 역시 행위의 결과만이 아니라 의도가 중요하다는 것을 이해하고 도덕적인 행동이 무엇인지 안다는 사실이 밝혀지긴 했지만요.

두 번째 단계는 타율적 도덕성기입니다. 피아제는 5세에서 8세의 아동은 행위의 옳고 그름을 행위에 따르는 결과로 판단한다고 생각했습니다. 예를 들어 실수로 15개의 컵을 깬 것이 나쁜 행동을 하려다가 컵 한 개를 깬 것보다 더 부도덕하다고 생각한다는 것이지요. 하지만 이런 판단은 일관되지 않아서 어떤 문제를 제시하느냐에 따라 달라집니다. 다만 권위 있는 사람이 이 시기의 아동들에게 "이게 옳아."라고 하면 무조건 복종해야 한다고 생각하는 것으로 보았습니다.

세 번째 단계는 자율적 도덕성기입니다. 9세 이상의 아동들은 어떤 행위를 판단할 때 결과뿐만 아니라 행위자의 의도를 고려해야 한다는 것을 명확하게 알기 시작합니다. 또한 규칙이란 무조건 따라야 하는 것이 아니라 사회적으로 합의된 원칙이며 합의에 따라 융통성 있게 수정될 수 있다고도 생각합니다.

어때요? 발달 단계가 너무 단순한가요? 그래도 피아제 이전에는 이렇게 세부 발달 단계에서 각각 질적으로 다른 성장이 이루어진다는 생각을 하지 못했습니다. 그저 외형적으로 갓난아기, 유아기, 취학 아동기 식으로 나누었지요. 하지만 이상하지 않나요? 11살 이후에도 얼마나 다양한 변화가 있는데 이렇게 뭉뚱 그리다니요. 이 점을 비판적으로 생각한 정신분석학자 에릭 에릭슨은 인간의 전체 생애에 걸친 발달을 생각하는 이론을 만들었답니다.

인간은 죽을 때까지 성장한다?

에릭슨은 인간의 발달 단계를 여덟 단계로 나누었습니다. 그리고 인간은 아동기, 청소년기를 지나 어른이 되면 성장이 멈추는 것이 아니라 노년이 되어 죽을 때까지 성장해야 한다고 주장했지요. 이 이론의 가장 큰 특징은 올바른 성장을 위해서는 긍정적인 것뿐만 아니라 부정적인 것도 경험해야 한다고 주장한 점입니다. 긍정과 부정을 모두 겪어야 올바른 덕을 쌓고 그 덕을 바탕으로 성장한다는 논리이지요. 요즘 부모들이 자식을 키울 때 좋은 것만 주려고 하는 것과 차이가 있지요? 에릭슨의 이론이 맞는지 여러분도 비판적으로 살펴보세요.

인간 발달의 첫 번째 단계는 출생 이후 1세까지의 시기입니다. 이때는 신체적으로 아주 미약한 상태라서 먹을 것을 주는 어머니와 같은 양육자의 영향력이 아주 큽니다. 아기는 배가 고프면 웁니다. 그럴 때면 양육자가 와서 젖을 줍니다. 그러면 양육자에 대한 신뢰감이 생기지요. 그런데 매번 울 때마다 바로 젖을 먹을 수는 없습니다. 양육자가 피곤해서 곯아떨어졌거나 다른 일을 해야만 할 때도 있으니까요. 그렇게 우는 데도 자신이 원하는 것을 얻지 못하면 양육자에 대한 불신감이 생깁니다. 그래도 배고프니까 계속 울게 됩니다. 이렇게 울면 양육자가 올 것이라는 희망을 가지고서.

정리하자면, 신뢰감과 불신감을 겪으면서 희망이라는 덕을 알게 됩니다. 희망이 100퍼센트 이루어질 것이라는 확신은 아닙니다. 안될 수도 있지만 잘될 수도 있으니 노력하자는 마음이지요. 희망이 생기려면 신뢰감과 불신감을 균형 있게 경험해야 합니다. 불신감만 경험한 사람이 희망을 가질 수는 없겠지요?

두 번째 단계는 2세부터 3세까지의 시기입니다. 이때에는 말을 조금씩 하게 되고 몸을 어느 정도 움직이게 됩니다. 이때 가장 많이 하는 말이 뭘까요?

"내가 할 거야."

밥도 자기 손으로 먹으려 하고 기저귀도 자기가 갈려고 합니다. 자율성이 생긴 거지요. 그런데 매번 성공하나요? 밥을 흘리고 기저귀를 대충 채워서 새기도 합니다. 이때 자기의 능력에 대한 의심도 생기고 수치심도 경험합니다. 그러면서 부정적인 정서에서 탈출하고 싶은 마음에 자기가 원하는 상황을 만들기 위해 '의지력'을 고민합니다. 자율성과 의심 혹은 수치심을 고루 경험하면 의지력이 생깁니다.

세 번째 단계는 3세부터 6세에 해당하는 시기입니다. 이때는 어려운 단어가 섞인 말도 제법 많이 하게 되고 어른도 지쳐 떨어져 나갈 놀라운 운동 능력을 보입니다. 이때의 유아가 가장 많이 듣게 되는 말이 "너 어떻게 그런 걸 아니?" 또는 "너 참 대단하다.", "우리 애 천재인가 봐." 등 긍정적인 말들입니다. 그렇다 보니 자신감이 붙어 과감하게 새로운 일을 벌입니다. 주도성이 생깁니다. 주도적으로 말썽을 부리고요. 유아에게 주방은 밥을 짓는 곳이 아니라 미술 작품을 만드는 작업실이 되죠. 자신의 말에 감탄하는 어른도 별것 아니라는 생각에 머리를 더 굴려서 거짓말을 하기도 합니다.

하지만 어른은 말썽 부리는 아이와 거짓말하는 아이를 혼냅니다. 그리고 아이 자신도 그게 잘못이라는 것을 압니다. 그래서 죄책감을 느낍니다. 그러면서 자신의 주도성에 맞게 말과 행동에 책임감이 있어야 한다는 사실을 이해합니다. 주도성, 죄책감, 책임감은 이렇게 연결됩니다.

네 번째 단계는 6세부터 11세까지입니다. 이 시기에 아동은 집을 떠나 대부분의 시간을 학교에서 보냅니다. 즉, 집이라는 좁은 공간에서 그때그때 욕구가 치미는 대로 하던 상황과는 완전히 다른 사회적 상황에 들어오게 됩니다. 정해진 시간에 정해진 곳에서 정해진 공부를 하면서 근면성을 배웁니다. 특히 학교에서 읽기, 쓰기, 셈하기 등을 하면서 또래보다 못하면 열등감을 갖게 됩니다. 열등감이 싫으니 벗어나려 노력하면서 능력의 중요성을 알게 돼요.

다섯 번째 단계는 11세에서부터 18세까지로 흔히 청소년기, 십 대라고 하는 시기입니다. 이 시기에 "나는 누구인가"에 대한 고민이 커집니다. 어떤 청소년은 자신이 누구인지에 대한 답을 막연하게나마 찾아내죠. "나는 가수가 되고 싶은 사람이야.", "나는 실용적인 사람이야.", "나는 보수적인 사람이야."하는 식으로요. 이렇게 답을 찾은 상태를 '자아 정체성 형성'이라고 합니다. 하지만 여전히 답을 찾지 못하는 청소년도 있습니다. 이런 상태를 '자아 정체감 혼란'이라고 합니다.

청소년기에는 어른보다 또래와 지내는 시간이 많습니다. 그래서 자아 정체성에 대한 답도 또래에게서 찾으려 합니다. 그 과정에서 마음이 가는 또래 집단에 대한 충성심을 알게 됩니다. 그 충성심이 발전되어 자신의 정체성과 진로에 대한 충성을 하게 됩니다. 흔히 "청소년기에 친구를 잘 사귀어라."라고 어른이 말하는 것도 단순히 대인 관계 측면에서만이 아니라 전체 인생의 방향이 달라지기 때문이에요.

여섯 번째 단계는 18세부터 40세까지의 청년기입니다. 이 시기에는 또래보다는 아주 친밀하게 마음을 나눌 특별한 관계를 원합니다. 사랑할 대상을 찾지요. 특별하게 애착을 가질 직업도 찾습니다. 특별한 대상에 대한 친밀감을 경험하는 사람도 있지만 그러지 못해 소외감을 느끼는 사람도 있지요. 소외감에서 벗어나려 열정을 발휘하게 됩니다. 그래서 친밀감과 소외감을 고루 경험한 사람은 열정이 무엇인지 알게 됩니다. 흔히 '청년의 열정'이라고 하는 말이 자연스럽게 들리는 것도 이 때문입니다.

일곱 번째는 40세에서 65세에 이르는 장년기입니다. 장년기 전에는 특별한 대상을 향해 개인적 노력으로 성과물을 만들어 내려고 노력하죠. 하지만 장년기가 되면 세상이 개인 혼자만의 힘으로 바뀔 정도로 단순하지 않다는 것을 알게 됩니다. 그래서 직장에서 팀장이 된 장년기의 사람은 팀원들을 잘 이끌어 개인의 능력을 초월한 멋진 성과물을 만들어 냅니다. 생산성이 폭발하지요. 그런 사람은 이렇게 말합니다.

"좋은 팀원 덕분에 이렇게 좋은 성과를 거두었다."

하지만 반대로 침체되는 사람도 있습니다. 그러면서 이렇게 말하지요.

"말 안 듣고 능력 없는 팀원 때문에 이렇게 되었다."

생산성이 좋은 사람과 침체된 사람 모두 다른 사람의 중요성을 이야기합니다. 침체에서 벗어나기 위해서는 다른 사람의 마음을 얻기 위한 배려의 미덕을 알아야 하죠. 또한 다른 사람이 자신을 배려하기를 바라기도 합니다. 생산성과 침체성을 모두 경험하면 배려심의 중요성을 이해하게 됩니다.

여덟 번째 단계는 65세 이상의 노년기입니다. 이때에는 신체적으로 쇠약해지고 기억력 감퇴 등 인지 능력에 대한 자신감도 잃게 됩니다. 절망과 무력감을 느껴요. 그러면서 지금보다 더 나았던 과거를 생각하게 되지요. 자기의 생을 돌이켜 보면서 좋은 일과 나쁜 일 모두가 지금의 자신을 만들었다는 것을 통찰하게 되어 자아 통합을 긍정적으로 경험하기도 합니다. 절망과 자아 통합을 모두 경험한 사람은 좋은 것과 나쁜 것이 무엇인지 알고 있어 지혜를 나누고자 합니다. 적극적으로 모임에 나가거나 죽기 전에 의미 있는 일을 하려고 노력하기도 합니다.

에릭슨은 이 이론에서 생애 발달을 신체적 나이로 구별했습니다. 하지만 편의상 그런 것일 뿐, 마음속의 성장이 더 중요하다고 생각했습니다. 즉, 나이가 청소년이어도 희망의 미덕을 가지지 못한 사람도 있고 노인이어도 책임감이나 배려가 없을 수도 있다고 생각했지요. 반대로 청소년이어도 자아 통합이 되어 지혜를 갖출 수도 있습니다.

에릭슨은 이전 단계에 제대로 성장하지 못하면 신체적으로 나이가 들어도 진정 성장한 것이 아니라고 주장했습니다. 성년인데도 자율적이지 못하고 부모에게 의지하는 사람이 있는가 하면, 회사에 다니면서도 근면성이 없고 올바른 능력을 갖추려는 미덕 없이 그저 얕은 수로 돈벌이를 하려는 사람도 있으니까요.

그래서 에릭슨은 심리적으로 올바르게 성장하려면 이전 단계의 발달을 완료해야 한다고 생각했어요. 전 생애에 걸쳐 계속 성장하기 위해서 도전해야 한다는 사실을 강조했지요. 때로는 다음 단계로 성장했어도 어떤 사건을 통해 심리적 충격을 받아 이전 단계로 다시 돌아가는 과정, 즉 퇴행을 겪을 수 있다고도 했습니다.

어떤가요? 여러분은 어느 단계까지 성장했다고 생각하나요? 에릭슨의 이론이 완벽한 답은 아닙니다. 하지만 성장에 도움이 되는 질문을 던진다는 점에는 현대 심리학자들도 동의하고 있습니다.

현대 심리학자들은 성장 단계가 엄격하게 구별되지 않고 한 단계에서도 여러 성장 특성을 보인다고 생각합니다. 청소년기에도 장년의 성장 과제를 고민할 수 있고 충분히 성장한 장년이어도 때로는 아동기의 고민을 하느라 쩔쩔매기도 하지요. 완벽한 성장은 없다는 사실에 절망할 수 있습니다. 하지만 그래서 완벽하지 않은 지금도 비정상이 아니라는 점과 어른이나 또래 모두 누구나 미성숙한 상태로서 계속 도전하고 있다는 사실에 더욱 용기가 나지 않나요?

청소년기와 청년기를 어떻게 보내야 잘 성장할까?

에릭슨의 이론을 바탕으로 현대 심리학은 더 많이 발전했습니다. 그 발전된 지식을 가지고 청소년기와 청년기에 성장할 수 있는 방법을 소개할까 합니다.

• 따라잡기 쉬운 대상 모방하기

모방은 단순한 복사가 아닙니다. 모방하기 위해서는 스스로 다른 사람이 하는 행동과의 일치 여부를 판단하고 세부 사항을 이해하는 것이 필요합니다. 따라 하기 너무 힘든 대상을 역할 모델로 삼으면 그 모델과 자신이 비교되어 자존감이 낮아지고 실망하기 쉬워요. 어떤 사람이 기초 프로그래밍을 배우기 시작하면서 페이스북 창업자를 역할 모델로 삼으면 어떨까요? 하버드 대를 입학했고 남다른 기술과 능력을 갖고 있던 저커버그 말이지요. 막연하게 그렇게 되었으면 좋겠다는 마음을 갖는 것은 괜찮아요. 하지만 효과적으로 모방을 하려면 자신이 일 년에서 삼년 정도 노력했을 때 도달할 수 있는 수준에 있는 사람을 모방해야 합니다. 그래야 자신이 관찰하고 이해한 것을 따라할 방법과 의지가 생깁니다.

자, 아동기를 떠올려 보세요. 달리기를 시작하는 아이가 막연히 우사인 볼트가 되고 싶어 할 수는 있지요. 하지만 실제로 더 많이 관찰하고 따라한 사람은 대부분 자기 주변에서 달리는 사람이지 않나요? 그 사람이 달리는 모습을 보고 이해해서 따라할 것은 따라하고 자신과 맞지 않은 것은 버리는 식으로도 충분히 잘 달리게 된다는 사실을 기억하세요. 오히려 최고 수준의 사람을 억지로 따라하다가 덧나는 경우가 많다는 것도요.

성장에는 시간이 걸립니다. 영화에서 보는 것처럼 몇 시간 만에 멋진 변화를 이루기는 힘듭니다. 긴 도전을 하려면 중간 중간 성취하는 재미가 있어야 합니다. 자기가 되고 싶고 자신과 비슷한 출발점에 있던 사람을 정해서 그 사람이 잘하게 된 비결을 분석하고 직접 실행해 보세요. 재미도 있고 유익한 성과를 얻게 될 거예요.

• 경쟁으로 성장하는 법

안 그래도 경쟁 때문에 스트레스를 받는 청소년과 청년에게 더 짐을 지워 주려는 것은 아니에요. 남들을 누르고 최고가 되겠다는 경쟁이 아니라 과거의 나보다 더 나아지겠다는 경쟁을 해 보세요. 실제로 자신이 얼마나 나아졌는지 객관적으로 확인할 수 있는 기록을 해 보는 거죠.

예를 들어, 영어를 공부할 때 수능 1등급이나 토플 1등급이 되기 위해서 경쟁하는 게 아닙니다. 예전에 영어 시험을 볼 때는 새로운 영단어 열 개를 외웠는데, 이번 시험에서는 열두 개를 외우는 거예요. 최종 점수가 비슷해도 자신이 예전보다 조금이라도 나아진 점을 찾아보는 거죠. 그게 뭐 대수냐고 하지 말고 노력한 덕분에 20퍼센트나 성장했다고 자기 자신을 칭찬해 보세요. 경쟁에서 다른 사람보다 20퍼센트 더 잘한 사람을 칭찬하듯이. 그렇게 계속 실력을 쌓다 보면 남들과의 경쟁에서도 이길 수 있습니다. 남들을 이겨서만이 아니라 자기가 성장한 성취감을 더 느끼며 또 도전할 힘을 얻습니다. 세계 대회에서 금메달을 딴 선수도 이 방법으로 계속 도전합니다.

물론 다른 사람과의 경쟁이 더 성취동기를 갖게 하고 열정을 불태우게 하죠. 지는 것을 좋아하는 사람은 없으니까요. 다른 사람과의 경쟁과 과거 자기 자신과의 경쟁을 모두 사용하되, 자기 자신과의 경쟁에 더 비중을 두세요. 과거의 자기 자신도 성장한 뒤에 보면 다른 사람으로 느껴집니다. 경쟁 자체를 목표로 하지도, 다른 사람을 질투해서 하지도 말고 더 성장하기 위한 수단으로 삼아 보세요.

• 협력이 선물하는 배려의 미덕

경쟁과 협력은 전혀 다르게 보입니다. 그런데 생각해 보세요. 조별 과제는 서로 협력해야 다른 조와의 경쟁에서 이길 수 있지요? 혼자 경쟁하더라도 자신의 부족한 부분을 보충해 줄 사람의 도움이 있어야 더 효과적으로 성장할 수 있겠죠. 그런데 매번 도움만 받으면 어떨까요? 상대방이 계속 도와주려 하지 않고 피할 것입니다. 그러니 여러분도 다른 사람을 도와주며 관계를 두텁게 해야겠지요? 서로 도움을 주고받는 것, 그것이 협력입니다. 에릭슨의 이론을 봐도 성장한 사람은 장년기에 배려의 미덕을 얻게 됩니다. 배려의 미덕은 장년뿐만 아니라 청소년기와 청년기에도 필요합니다. 여러 사람들과 상호작용하면서 서로 갖고 있는 지식과 기술을 나누면 혼자일 때보다 더 효율적으로 성장할 수 있습니다.

지금까지 살펴본 모방, 경쟁, 협력 모두 누군가가 필요합니다. 그만큼 청소년기와 청년기에는 타인의 존재가 중요해요. 여러분이 성장하고 싶다면 냉정하게 생각해 보세요. 모방할 만한 사람, 경쟁할 만한 사람, 협력할 만한 사람을 두고 있는지. 그렇지 않다면 무조건 혼자 노력하기보다는 그 사람부터 찾으세요.

모방, 경쟁, 협력의 대상이 꼭 현실에 살아 있는 사람만 되는 건 아닙니다. 영화 속 등장인물, 소설 속의 사람, 역사 속의 사람도 됩니다. 여러분이 닮고 싶고 선의의 경쟁을 하고 싶고 힘들 때면 조언을 듣고 싶은 사람을 정하세요. 그래서 성숙한 사람들은 책을 많이 봅니다. 특히 한 책을 '인생 책'으로 정해 두고 보는 경우가 많습니다. 단순히 지식을 늘리기 위해서라면 다양한 책을 봐야겠지만 성장을 위해서는 같은 책을 보는 게 좋습니다. 과거에 읽었던 책을 다시 읽으며 새로운 면을 발견해서 자기가 얼마나 성장했는지 확인할 수도 있고, 또 다른 성장의 전환점을 찾을 수 있으니까요.

최근 발달심리학

에릭슨, 피아제 등의 이론은 인간의 전 생애를 놓고 성장을 이야기하는 거대한 이론이었어요. 현대의 발달심리학은 그런 거대 이론보다는 특정 단계, 특정 상황에서의 특정 주제를 더 많이 다룹니다. 예를 들어, 인간의 수 개념은 어떻게 발달하는지 연구한 하버드대의 엘리자베스 스펠키 교수의 연구처럼요. 수학은 참 어렵지요? 청소년기에 억지로 머리에 집어넣으려 해도 잘 안 됩니다. 그런데 스펠키 교수의 연구에 따르면 인간은 대단한 수학적 재능을 갖고 있습니다. 심지어 한 살 아기도 수에 대한 개념이 있을 정도로요.

스펠키 교수는 12개월 된 아기들을 대상으로 실험을 진행했습니다. 여러분이라면 뻔하고 익숙한 자극에 더 많이 시선이 갈 것 같은가요? 아니면 예상을 뒤엎는 이상한 자극에 더 많이 시선이 갈까요? 자세히 안 봐도 뻔한 것에는 굳이 시선이 가지 않겠지요? 이런 것을 '선택적 주시'라고 합니다. 스펠키 교수는 일종의 까꿍 놀이로 실험을 실시했습니다. 왼손으로 인형을 한 개 보여 주고 오른손으로 인형 두 개를 보여 준 다음에 가림막으로 잠시 가렸다가 인형 세 개를 보여주는 식으로 덧셈 과정을 아기에게 보여 줬습니다. 아기가 너무 익숙해서 더 이상 보려 하지 않을 때까지 말이죠.

그런데 왼손에 인형 한 개를 보여 주고 오른손으로 인형 한 개를 보여 준 다음 가림막이 없어졌을 때 인형 세 개가 나온다면 어떨까요? '어, 두 개가 아니었어?' 물론 아기가 이렇게 말로 할 나이는 아니지요. 말은 못해도 생각은 할 수 있으니 아기는 인형의 숫자가 자신의 셈법과 달라서 놀라 주시하겠지요? 실제 실험에 참가했던 아기들이 그랬습니다.

셈법에 맞는 답보다 그렇지 않은 답이 나왔을 때 인형을 더 많이 보았습니다. 아기가 좋아하는 똑같은 인형인데도 보는 시선에 차이가 있다는 것은 이미 아기도 셈법을 알고 있다는 것으로 연구자들은 해석했습니다. 어떤가요? 아기 때부터 수 개념이 확고하게 자리 잡고 있다고 하니 위로가 되나요? 그렇게 생애 초기부터 수학에 대한 재능이 있는데 지구상 대부분의 학생들이 어째서 수학을 어려워할까요? 심리학자들은 그것도 연구하고 있답니다.

심리학자 야스민 카파이는 똑같은 지식과 기술이라고 해도 놀이의 형태로 배울 때 더 효과적이라고 주장합니다. 유치원까지는 놀이가 많습니다. 그런데 초등학교, 중학교 이후 학교에서 배우는 대부분의 지식과 기술은 놀이와 거리가 멀지 않나요? 심리학자들은 이런 것이 수학을 비롯한 많은 지식과 기술의 발달에 걸림돌이 된다고 주장합니다. 카파이 교수는 수학을 수학으로 배우는 게 아니라 학생들이 게임을 만드는 과정에서 수학도 배우고 게임의 배경이 되는 역사도 배우는 식의 프로젝트를 만들기도 했습니다. 카파이는 MIT 동료들과 함께 어린이들이 프로그래밍한 지식과 결과물을 나누는 프로그래밍 도구인 '스크래치'Scratch를 만들기도 했습니다. 고등학생을 위해서는 전자 기계로 직조하는 기술을 공부하며 컴퓨터 과학을 놀이처럼 배우는 과정을 만들었죠.

이렇듯 요즘의 발달심리는 세부 주제를 검증하고 응용하는 데 더 치중하고 있습니다. 이런 과정을 통해 에릭슨과 피아제 등이 주장한 단계와 다른 사실들이 많이 밝혀진다면 또 다른 거대한 이론이 나올 수도 있겠지요.

인간의 특성을
이해하는
인지 및 생물심리학

마음이 계산적이지 않다는 사실을 계산하다

사람의 마음에는 세 가지 요소가 있습니다. 인지, 정서, 의지.
인지심리학은 이름은 인지이지만 이 세 가지를 모두 다룹니다.
뭔가를 인지해야 정서적으로 느끼고 행동을 할 의지도 생기는
것이니까요.

인지심리학은 행동주의와 다르게 인간의 마음을 정보처리
시스템으로 본 인지주의의 전통을 따라 시작되었어요. 그래서
마음에 외부 대상을 입력하는 감각, 지각을 연구합니다. 그리고
외부 대상을 저장하는 기억, 헤아려 아는 이해, 사고, 학습, 추론
도 연구합니다. 정보처리를 해서 판단하는 과정과 현실에서 문

제를 해결하는 것도 연구합니다. 창의성도 인지심리학의 연구 주제입니다.

마음의 시작부터 끝까지 어떤 구조인지, 어떤 과정이 있는지에 대한 광범위한 주제를 다루다 보니 처음부터 종합 학문적 성격이 강했습니다. 그래서 인지과학으로 이어지게 되었죠. 인지심리학자와 인지과학자는 학문의 경계를 신경 쓰지 않고 연구합니다. 그래서 인지심리학자인 허버트 사이먼, 대니얼 카너먼, 리처드 탈러는 경제학자도 받기 힘든 노벨경제학상을 받기도 했지요.

인지심리학은 '인간은 ~ 해야 한다'라는 선언이 아니라 '인간은 ~ 이다'라는 이해를 목적으로 합니다. 그래서 인지심리학 연구 내용을 보면 인간이 만물의 영장이나 최고 고등동물이라고 표현할 정도로 대단한 존재가 아님을 알게 됩니다.

조지 밀러의 연구를 보면 인간의 학습 능력은 무한하지 않습니다. 새로운 항목을 한 번에 5개에서 9개까지 학습할 수 있습니다. 단지 학습을 계속 시도해서 그 개수가 늘어나는 것뿐이지요. 여러분이 직접 실험해 봐도 됩니다. 낯선 식당에 가서 메뉴를 외워 보세요. 10개가 넘어가면 제대로 말하지 못합니다. 휴대폰 번호도 앞에 붙는 010을 빼고는 8자리로 되어 있어서 한꺼번에 몇 개의 전화번호를 외우면 헷갈립니다. 반복을 통해서 더 잘 외울 수 있을 뿐이죠. 학습 기술이 있는 사람은 기술을 써서 양을 늘립니다. 예를 들어, 전화번호는 자신이 번호를 누르는 영상을 떠올려 저장하거나 누르는 이동 경로를 패턴으로 저장합니다. 메뉴는 '불고기 낙지볶음'이라는 긴 단어 대신 '불낙'이라고 줄여 외워서 부담을 줄이기도 하지요. 인지심리학에서는 인간의 인지 능력이 제한되어 있다는 특성을 발견한 이후에 학습 기술에 대한 관심이 높아져서 기억 전략과 학습 전략이 발달하게 되었습니다.

또한 인지심리학은 인간의 마음에 대한 가정을 밑바닥부터 다양한 방법으로 검증합니다. 그래서 실험과 조사, 관찰 등 연구할 것이 많습니다. 심리학 전공자 중에도 배워야 할 것이 너무 많고 정말 당연한 것도 그냥 넘기지 않고 실험하는 인지심리학을 어려워하는 사람이 많습니다. 예를 들어 볼까요? 인간은 이성적 동물이라고 하죠? 인지심리학은 인간이 정말 이성적인지를 살펴봤습니다. 대니얼 카너먼이 했던 실험 과제를 한번 내 보겠습니다.

자, 다음과 같은 선택 문제가 있습니다.

<문제 1>
여러분이 복권을 사려고 하는데 당첨 확률이 다음과 같습니다.
어떤 것을 선택하시겠습니까?

[A] 400만 원을 받을 확률이 80퍼센트인 복권
[B] 300만 원을 받을 확률이 100퍼센트인 복권

여러분의 답은 뭔가요? 카너먼의 실험에서 B를 택한 사람이

80퍼센트였습니다. 당연한 결과라고요? 맞습니다. 인간은 100 퍼센트라는 말에 쉽게 현혹되는 존재입니다. 복권을 샀을 때 기 댓값을 계산하면 '400만 원×80퍼센트=320만 원'인 A가 '300만 원×100퍼센트=300만 원'인 B보다 더 좋습니다. 이성적 인간 으로서 합리적으로 확률을 계산하면 A를 선택해야겠지요. 하지 만 인간의 마음에는 확실한 것을 좋아하는 '확실성 편향'이 있습 니다. 그래서 B를 선택합니다. 이 연구 결과를 알게 된 기업들은 100퍼센트 당첨을 크게 써 붙인 이벤트를 합니다. 선물이 작더라 도 사람들의 마음을 흔들 수 있으니까요.

인간의 특성을 더 잘 이해할 수 있게 문제를 하나 더 내 보겠 습니다.

<문제 2>
주식 투자를 하는데 다음의 두 가지 대안 중 어느 것을 선택하겠습니까?

[A] 400만 원을 잃을 확률이 20퍼센트인 투자
[B] 300만 원을 잃을 확률이 25퍼센트인 투자

자, 이번에 여러분의 선택은 무엇인가요? 실험에서 A를 택한 사람이 65퍼센트였습니다. 기댓값을 계산하면 손실 금액이 75만 원인 것을 놔두고 더 많이 손실을 보는 80만 원을 선택한 사실에 놀라실 것입니다. 왜냐고요? 일단 20퍼센트라는 손실 가능성이 25퍼센트라는 숫자보다 적어 보여 이성적으로 따지지 않고 선택했기 때문입니다.

숫자가 나오고 계산해야 해서 올바르게 선택하기가 힘들었다고요? 좋습니다. 그것 자체가 인간이 합리적 계산을 좋아하는 존재가 아니라는 사실을 말해주니까요. 하긴 저처럼 수학을 포기한 사람도 그 증거이지요. 복권과 주식 투자와 같이 돈과 연관되어 실력 발휘를 제대로 못했을 분을 위해 문제 내용을 더 인간적으로 바꿔 보겠습니다.

\<문제 3\>
여러분은 치명적인 전염병 창궐이라는 국가적 위기 상황에 대처해야 하는 리더입니다. 다행히 과학자들이 다음의 두 가지 약을 개발했습니다. 전염병에 걸린 사람은 600명이며, 약을 쓰지 않으면 죽습니다. 다음 두 약 중 어느 것을 선택하겠습니까?

[A] 600명의 환자 중 200명을 살릴 수 있는 새로운 약을 사용한다.
[B] 이 약으로 생명을 구할 확률이 약 33퍼센트이지만, 환자의 약 66퍼센트는 새로운 약을 먹어도 살 수 없다. 이 치료제를 사용한다.

어떤 대안을 선택하셨나요? 눈치채셨군요. 기댓값을 계산하면 두 대안이 동일합니다. 하지만 카너먼의 실험에 참가한 72퍼센트의 사람들은 '200명을 살릴 수 있다'라는 말에 현혹되어 A를 더 많이 선택했습니다. 이성적으로 생각해서 똑같이 50퍼센트로 나뉘는 것이 아니고요.

그런데 질문을 바꾸면 어떨까요?

[A] 모두 약을 먹어도 600명의 환자 중 400명은 죽는 새로운 치료
제를 사용한다.
[B] 이 약으로 생명을 구할 확률이 약 33퍼센트이지만, 환자의 약
66퍼센트는 새로운 약을 먹어도 살 수 없다. 이 치료제를 사용
한다.

이성적으로 따져 보면 600명 중에 200명을 살린다는 말은 나
머지 400명은 죽는다는 의미인 점은 똑같지요. 그런데 이번에는
고작 22퍼센트의 사람들만이 A안을 선택했습니다. 600명 중에
200명을 살린다는 말에 72퍼센트가 동의했던 것과 큰 차이입니다.
지금까지 실험 결과를 보면 인지심리학은 인간의 고매한 위
치를 끌어내리려 장난을 치는 분야처럼 느껴집니다. 하지만 인
지심리학자는 인간의 실제 마음을 정확히 이해한 상태에서 인간
에게 도움이 되는 방법을 찾기 위해 노력합니다. 앞의 실험을 한
대니얼 카너먼은 '행복'을 연구하고 있죠. 마음의 궁극적 지향점
중 하나가 행복이니 당연하겠지요?

행복과 만족 사이에 서다

그렇다면 인간은 정말 행복을 원할까요? 아닙니다. 인지심리
학자들이 밝힌 바로는 행복을 원한다고 '생각'하는 것에 더 가깝

습니다. 카너먼은 '행복'과 '만족'을 구분해서 연구했습니다. 카너먼의 주장에 따르면 행복은 순간적인 경험이며 곧 사라지는 감정입니다. 예를 들어 예전에 행복했었다면? 그것은 행복이 아니라 추억이죠. 앞으로 행복할 것 같다면? 그것은 행복이 아니라 기대입니다. 행복은 현재에만 가능합니다. 하지만 만족은 긴 시간 동안 자신이 바라는 종류의 삶을 향해 노력하며 삶의 목적을 달성함으로써 얻어지는 감정입니다. 과거에 만족하지 않았다면 현재에 만족하기 힘듭니다. 현재가 불만족스럽다면 미래에 대해서도 만족할 만한 낙관적인 상상을 하기 힘듭니다. 물론 힘든 것이지 불가능한 건 아니지만요.

여러분은 행복과 만족 중 어느 것을 추구하고 싶으신가요? 둘 다요? 맞아요. 저도 그렇습니다. 그런데 둘 중의 하나만 선택하라고 한다면요?

카너먼은 사람들이 실제로 무엇을 원하는지 알아보기 위해 질문했습니다. 카너먼은 여러 사람들에게 지금 기분이 좋은지를 물었고 기분이 좋아지는 요인을 찾은 결과, 친구들과 시간을 보내는 것이 행복을 느끼는 가장 좋은 방법임을 밝혀냈습니다. 그런데 만족도가 높은 사람에게 질문했더니 그는 만족감을 느낄 만한 장기적 목표를 추구하느라 친구들을 만나는 데는 시간을 많이 쓰지 않았습니다. 행복은 주관적인 감정입니다. 밥 한 끼에도 행복할 수 있습니다. 심지어 다른 사람이 맛있게 먹는 모습이 담긴 방송을 보고도 행복할 수 있습니다. 그런데 만족감은 자신이 정한 목표를 이룬 것을 좀 더 객관적인 위치에서 확인하고 타인과 비교하면서 타인의 인정을 받아야 얻을 수 있는 감정입니다.

카너먼의 연구는 두 가지 시사점을 줍니다. 첫째, 기본 의식주를 겨우 채울 정도 이상의 수입만 있으면 사회적으로 인정받을 만한 경제력이 없어도 행복할 수 있습니다. 뒤집어 말하면 최소 소득 이상의 행복은 돈이 아닌, 인간관계나 취미 활동 등으로 결정된다는 것이지요. 이 때문에 오래전부터 돈으로 행복을 살 수 없다는 말이 이어져 내려오나 봅니다. 누구나 돈에만 좌우되지 않는 행복한 사회에서 살고 싶다고 말합니다. 하지만 정작 돈에만 좌우되지 않도록 최저 소득을 보장해서 돈 없는 사람도 행복을 추구하도록 하고 그것을 통해 더 긍정적인 사회를 만드는 데에는 인색한 사람이 많습니다. 정말 우리가 바라는 것이 더 좋은 세상에서 더 행복해지는 것이 맞는지 여러 연구를 통해 인지심리학자는 묻고 있죠.

그래도 돈이 최고라고 생각할 수 있습니다. 실험을 해 볼까요? 여러분이 안 그래도 열정을 다해서 좋아하는 일을 하고 있는데 누군가 돈을 준다면? 아, 좋습니다. 아무렴, 그렇고말고요. 그런데 계속 돈을 준다면? 어느덧 일은 행복을 위해 순수한 열정을 바치는 대상이 아니라 돈을 더 받기 위한 노동처럼 느껴질 것입니다. 행복을 느끼게 했던 바로 그 일이 말입니다. 자신이 좋아서 연예인이 되기 위해 연습생 생활을 버텨 냈던 사람이 경제적으로 성공했는데도 불행하다고 말하는 사례가 있는 현실을 무시해서는 안 됩니다. 돈이 좋아도 돈'만' 좋으면 안 됩니다. 행복의 대상이 명확히 삶의 중심을 잡고 있어야 합니다. 그런데 돈은 그 중심을 허물 정도로 힘이 강합니다. 돈을 더 벌기 위해 친구를 덜 만나고 가족을 멀리한 사람은 돈을 많이 벌어 여러모로 편할 수는 있지만 진정 행복한 삶을 사는지는 생각해 봐야겠지요?

카너먼의 연구에서 알 수 있는 두 번째 시사점은 만족한 삶을 살려면 자기 자신의 기대와 타인의 기대를 모두 맞춰야 한다는 점입니다. 잠깐 잠깐 행복해도 장기적으로는 만족하지 못하는 상황이 생길 수도 있지요. 그래서 과거에 행복했던 시간을 충분히 가진 사람이라도 자신의 인생 전체에 대해 그다지 만족감을 느끼지 못할 수도 있습니다.

"그래, 그땐 좋았지. 행복했어."

주위에서 이렇게 씁쓸하게 말하는 사람은 쉽게 찾을 수 있습니다. 행복한 느낌은 지나가지만 기억은 오래 남습니다. 특히 불행한 기억은 더더욱. 이것이 만족을 막습니다. 더 큰 방해물은 자기 자신입니다.

사람들은 행복을 원한다면서도 그 순간에 흠뻑 빠져 즐기려 하지 않습니다. 나중에 기억할 수 있도록 저장한다며 사진과 동영상을 열심히 찍습니다. 진정 행복을 원하는 사람이라면 카메라를 집어 던지고 그 상황에 더 몰입하겠지요. 자기 자신이 만족할 만큼 좋은 시간을 보냈다는 것을 확인하고 남들에게도 확인

받기 위해 카메라를 놓지 못합니다. SNS를 보면 행복을 추구하는 사람인 척 하며 만족을 좇는 사람들로 가득합니다. 기분이 좋은 것은 행복이나 만족이나 똑같습니다. 행복이 더 좋고 만족이 더 나쁘다는 말이 아닙니다. 그 반대도 마찬가지입니다. 하지만 자기가 더 긍정적인 삶을 살기 위해 둘 중 무엇을 추구해야 하고 지금 무엇을 추구하고 있는지 밑바닥부터 다시 생각해 볼 필요는 있습니다.

물론 행복을 추구해서 만족을 얻을 수도 있습니다. 순간순간이 모여 긴 시간이 되니까요. 내가 신나고 행복하게 즐기는 모습을 누군가 보고 부러워해서 팔로워 수가 늘고 그것에 자신도 만족할 수는 있습니다. 그 사람은 일시적 행복에 집중해서 만족까지 가는 거지요. 하지만 만족하기 위해서 행복을 억지로 만들려고 하는 것은 좋지 않습니다. 만약 억지로 한 것이라면 멋진 사진을 올렸는데도 사람들의 반응이 좋지 않을 때 비참함, 분노, 짜증 등 부정적 감정을 더 느낄 것입니다. 행복도 잃고 만족도 잃는 거죠. 그래서 선택을 해야 합니다. 그 선택을 인지심리학이 제시해야 한다고요?

인지심리학은 '인간은 ~ 해야 한다.'라고 선언하지 않는다고 했죠? 인지심리학은 어떤 것이 옳다고 섣불리 말하지 않습니다. 있는 그대로의 사실을 밝힐 뿐이고 선택은 각자의 몫입니다. 어떤 선택을 하든 자신이 실제로 행복을 추구하는지, 행복한 척 하고 싶어 하는지, 그럴 듯한 모습으로 타인의 기대에 부응해서 칭

찬과 부러움을 받아 만족하고 싶어 하는지, 친구와 떨어져서라
도 혼자 의미 있는 목표를 추구해 만족할 수 있는 사람인지는 먼
저 깊게 생각해 봐야 합니다.

몸으로 마음을 보다

인간의 마음은 뇌에서 만들어집니다. 뇌는 신체의 감각기관
을 통해 들어온 정보를 처리합니다. 이 과정에서 호르몬이 분비
되고 신진대사가 달라지기도 합니다. 그래서 인간의 마음을 연
구하기 위해서는 감각기관과 세포, 뇌에 대한 이해가 필요합니
다. 이와 관련된 분야가 생리심리학, 신경심리학 등의 생물심리
학입니다.

마음은 추상적입니다. 하지만 몸, 세포, 호르몬 등은 물질적
입니다. 물질적이어서 관찰할 수 있습니다. 생물심리학자는 물
질로 마음을 들여다볼 수 있다고 생각합니다. 물질 중에서도 세
포는 인간만 갖고 있는 건 아니지요? 그래서 같은 세포를 가진,
비슷한 신체 기관을 가진 동물을 대상으로 실험하기도 합니다.
신문에 "○○ 물질, 기억력 향상에 큰 도움 돼"라는 뉴스가 실렸
을 때 실험 내용을 잘 살펴보면 쥐, 토끼, 돼지 등의 동물들이 나
옵니다. 일단 실험 목적으로 인간의 생명을 함부로 해서는 안 되
기 때문이죠. 동물의 존엄한 생명을 생각하는 학자는 그나마 고
통을 덜 느끼는 생명체를 찾아 실험하기도 합니다. 현대에는

MRI 등 영상 진단 장비가 많이 발전해서 살아 있는 인간의 뇌를 직접 연구하기도 하죠.

생물심리학의 최대 장점은 설명의 간결성입니다. 예를 들어, 어떤 사람이 왜 공격적이 되는지를 임상심리를 통해 설명한다면 공격성을 유발한 과거의 트라우마나 개인적 특성에 대한 조사 결과 등을 통합해서 설명해야 할 겁니다. 사회심리학에서는 사회적 환경의 특성 중에 어떤 요인이 가장 영향을 주는지를 가려내며 설명해야 합니다. 그런데 실제로 그게 원인인지는 추상적이라서 여전히 불명확합니다. 하지만 생물심리학은 간단하고 확실합니다. 미국 밴더빌트대의 쥐를 상대로 한 뇌 실험처럼 말이지요.

흔히 공격성을 드러내는 이유로 어떤 자극에 대한 반응을 생각하기 쉽습니다. 그런데 밴더빌트대의 연구를 보면 반응이 아니라 보상일 수 있습니다. 연구진은 동물들이 아무 이유 없이 서로 싸우는 것에 주목했습니다. 딱히 영역을 침범하거나 짝짓기 경쟁이어서가 아니라 그냥 가만있다가 갑자기 싸우는 동물들의 모습을 여러분도 텔레비전이나 현실에서 본 적이 있지 않나요? 원래 연구진은 공격성이 짝짓기나 먹이 경쟁에서 이기기 위해 발달했다고 생각했습니다. 즉, 공격적일수록 싸움에서 이길 수 있다는 것이죠. 먹이가 눈앞에 있는데 '그래, 나는 나중에 먹고 천천히 갈게.'라고 하는 개체는 생존하지 못했겠지요. 짝짓기 경쟁도 마찬가지입니다. 당연히 후손에게 유전자를 물려줄 가능성이 낮았을 거예요.

그렇다면 공격적일수록 생존에 유리한 것일까요? 그렇다면 뇌에 공격성과 관련된 경로가 있을 것입니다. 연구진은 그것을 찾아냈습니다. 바로 도파민 호르몬 경로였어요. 먹이를 먹을 때나 섹스를 할 때 활성화되는 경로입니다. 쥐의 뇌에 도파민을 주입했더니 공격성이 줄어들었습니다. 하지만 도파민을 주입하지 않았더니 공격성이 늘어나 싸웠습니다. 왜? 공격을 해야 도파민이 나와서 기분이 좋아지거든요. 즉, 화가 나서 싸우는 게 아니라 기분이 좋아지기 위해서 싸우는 것이었습니다.

어떤가요? 이해가 되나요? 이해가 되는 분은 다음과 같은 과정을 거친 분입니다.

'공격성의 원인? 외부 자극이 아니라 내적 보상을 위해서라고? 그걸 어떻게 알아? 도파민이 있고 없고에 따라 생명체가 어떻게 다른 행동을 하는지 직접 관찰했어? 아, 그렇구나!'

간단하지요? 쥐도 인간처럼 척추와 뇌가 있고 뇌세포인 뉴런이 있습니다. 세포 단위에서는 별로 다를 게 없습니다. 그래서 연구자들은 쥐로 실험한 내용을 인간의 행동을 설명하는 데 사용합니다.

이런 생물심리학에 대한 비판도 있습니다. 첫째, 기본적으로 인간은 쥐 같은 하위 지능을 가진 동물이 아니라는 것. 둘째, 쥐같은 동물이 접하는 환경과 인간이 현실에서 접하는 사회적 환경 변수는 전혀 다르다는 것. 셋째, 뇌가 인간의 복잡한 마음과 행동을 설명할 수 있는 유일한 창구는 아니라는 것. 즉, 뇌를 보조적 증거 자료로 쓸 수 있지만 유일한 증거처럼 생각하는 것은 과장이라는 비판이지요.

생물학과 뇌 과학이 발달하고 있고 그것이 심리학에 적용된 생물심리학은 지금까지 연구된 것보다 앞으로 연구할 것이 많습니다. 생물심리학이나 위의 비판 모두 아직 어느 쪽이 맞다고 손을 들 만큼 확실한 상황이 아니라서 논란은 계속되고 있답니다.

일상에서 써먹는 인지심리학

아직 논란이 많고 기술의 발달에 따라 연구 결과가 자주 뒤바뀌는 생물심리학보다 인지심리학에 더 집중해서 실제 생활에 도움이 될 지식을 소개하겠습니다.

우리는 몸이 아프면 병원에 갑니다. 그런데 병원에 갔을 때 인지심리학의 지식을 어떻게 활용하느냐에 따라 결과가 달라질 수 있습니다. 하버드 대학 의대의 제롬 그루프먼 교수는 『닥터스 씽킹』(How Doctors Think)에서 전문 의사가 빠지는 오진의 함정을 낱낱이 소개하고 있습니다.

사람들은 실력 있는 의사를 찾고 싶어 합니다. 그래서 실력 있는 의사는 항상 긴장한 상태에서 밀려드는 환자를 진료해야 하는 상태에 처해 있지요. 즉, 스트레스도 많고 판단력이 흐려지기 쉽습니다. 방금 전에 진료했던 환자 이후에 자신의 정신을 맑

게 할 시간적 여유도 없이 다음 환자를 보게 됩니다. 무엇보다 환자의 여러 특성 중에 맨 처음 자신이 본 증상에 사로잡혀 판단하기 쉽습니다. 다음 환자를 빨리 봐야 하니까요. 그래서 결국 응급 신호를 보내는 진짜 심각한 증상을 발견하지 못하고 오진을 하게 됩니다.

사람은 보이는 것을 있는 그대로 보는 것이 아니라 자신이 보고 싶어 하는 것을 강조해서 보는 성향이 있기 때문입니다. 이것이 바로 '가용성 간편 추론법'입니다. 대상을 보고 머릿속에 떠오른, 즉 가용한 정보를 바탕으로 간편하게 결론을 내리는 성향은 의사뿐만 아니라 누구나 갖고 있습니다. 하지만 의사는 생명과 직결되는 판단을 내려야 하는 사람이니 더 문제시되는 거죠.

제롬 그루프먼 교수에 따르면 '환자를 만난 후 평균 18초 만에 진단을 하는' 의사가 많습니다. 일단 진단을 마음속으로 내리고 그게 맞는지 확인하는 식으로 질문을 더 하지요. 그루프먼 교수에 의하면 정상적인 상황에서 의사들의 오진율은 15~20퍼센트 정도입니다. 그리고 이의 절반이 심각한 신체적 손상이나 죽음을 야기합니다. 이런 심각한 결과가 병 자체의 위중함이 아니라 의사의 잘못된 사고에서 비롯된다고 하니 무섭지 않나요?

진단 상황을 잘 떠올려 보세요. 의사는 문진 과정을 통해 병의 전형적인 증상이나 징후를 찾아보고 환자의 이야기를 들으며 상황을 꿰어 맞추죠. 물론 전문적인 지식과 경험을 바탕으로 내리는 결정이지만 인지적 제약 특성상 충분한 검토가 이뤄졌다고 보기에는 무리가 있습니다. 만약 환자가 고통에 비명을 지르거나 정신없이 울거나 다른 환자가 계속 밀려드는 상황이라면 오진율도 더 늘어날 수밖에 없습니다. 이러한 문제를 인식한 그루프먼 교수는 하버드대 의대에서 정규 교과 안에 인지심리학의 연구 결과와 기본 개념을 넣어서 가르치고 있어요. 한국에서는 인지심리학을 배우기는 하지만 제한적입니다.

이런 현실에서 오진을 막으려면 중요한 증상을 미리 글로 고루 정리해서 말해야 합니다. 의사가 당장 머릿속에 떠오르는 정보를 중심으로 몰아가려 할 때 다른 증상을 말하세요.

"선생님, 이것은 왜 그래요?"

글로 정리하지 않으면 환자도 그 상황에서 머릿속에 떠오르는 정보를 중심으로 말하게 됩니다. 의사와 환자 모두 가용성 간편 추론에 빠져 대화한 거죠. 손해는 물론 환자가 더 큽니다.

"아차, 그걸 빼놓고 처방을 받았네."

약국에 가서야 더 말했어야 할 증상이 생각난 경험이 있지 않나요? 이미 많이 아파서 조리 있게 말할 수 없는 상황이라면 보호자에게 부탁하세요. 보호자도 먼저 글로 차분하게 써서 전달해 보세요. 이게 의사를 귀찮게 하는 것은 아니냐고요? 의사는 환자를 위해 있는 사람이니까 그 의사가 환자를 더 잘 보살필 수 있도록 도와주세요.

지금까지는 해야 할 일을 말했지만 하지 말아야 할 사항도 있습니다. 증상을 이야기할 때 스스로 처방을 내리지 마세요. 그러면 의사도 기분이 나쁘고 도리어 부정적 정보를 가져 오게 됩니다.

"의사 선생님, 제가 ~한 것 보니 ~인 것 같아요. ○○약을 주시면 예전처럼 나을 거예요."

의사가 묻지 않았는데 일부러 선입견으로 처방하게 만들 필요는 없습니다.

인지심리학을 응용할 수 있는 다른 지식도 있습니다. 어떤 사람 앞에서 실수했다면 사과를 빨리 하세요. 부정적인 감정이 오래가지 않도록 말이에요. 오히려 사과를 해서 여러분이 진심은 나쁘지 않은 사람이라는 것을 빨리 이해시켜야 합니다. 사과를 하며 잘못을 다시 꺼내 흔적이 남을까 봐 너무 걱정하지 않아도 됩니다. 인지심리학에서 밝혀낸 '매력도 효과' 때문입니다.

매력도 효과는 부정적인 사건에 대해서 과소 추정하는 경향입니다. 사람들은 매력도가 낮은 부정적인 사건은 잘 잊습니다. 데이비드 로즈한과 새뮤얼 메식 박사 연구팀은 실험 참가자에게 150장의 얼굴 표정 카드를 보도록 했습니다. 그런데 한 집단에게는 웃는 얼굴 105장(70퍼센트), 찡그린 얼굴 45장(30퍼센트)으로 구성된 세트를 주었어요. 그리고 다른 집단에게는 반대로 웃는 얼굴 45장(30퍼센트), 찡그린 얼굴 105장(70퍼센트)인 세트를 주었답니다. 그리고 첫 번째 집단에게 자신이 본 얼굴 카드 중에 웃는 얼굴이 얼마나 있었는지 추측해 보라고 했어요. 실험 결과는 어땠을까요? 실험 참가자들은 거의 정확하게 평균 68.2퍼센트 정도의 웃는 얼굴 카드가 있었다고 답했습니다. 정답은 70퍼센트였으니 놀랍지요?

두 번째 집단의 실험 참자가들에게는 찡그린 얼굴 카드의 비율을 추측하라고 했습니다. 실험 참가자들은 평균 57.5퍼센트 정도의 찡그린 얼굴을 봤다고 답했습니다. 웃는 얼굴 카드의 비율을 거의 정확하게 맞춘 것과는 확실히 차이나죠?

사람들은 부정적인 것은 심적 부담이 있어 회피하다 보니 실제와 다르게 판단하는 경향이 있습니다. 그러니 사람들은 여러분의 실수는 잊고 진심을 다해 사과한 뒤에 함께 웃었던 것은 확실하게 기억할 것입니다.

"아, 그때 뭐 가지고 다퉜지? 아무튼 그날 우리 기분 풀려고 노래방 가서 신나게 놀았잖아. 너 노래 진짜 웃기게 불렀는데."

이런 경험 있지 않은가요? 경험이 없다면 만드세요. 일부러 실수하라는 것이 아닙니다. 실수한 일이 있다면 솔직하게 사과하고 곧바로 긍정적인 경험을 함께 나누세요.

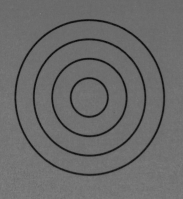

3장

우리 사이에
존재하는 심리학

사회적 동물로서의 인간을 위한 사회심리학

개인이 집단이 되면 보이는 심리들

사회심리학은 치료 목적으로 개인의 내면에 관심을 갖는 임상심리나 상담심리와는 다릅니다. 사회심리학은 내면이 아니라 외부에 있는 사회적 상황 요인이 개인에게 어떤 영향을 미치는지를 연구합니다. 그 과정에서 개인과 공동체 간의 상호작용이 어떻게 이루어지는지도 연구하지요.

사회심리학이 다루는 세부 주제는 집단 안에서 사람들이 보이는 생각, 신념, 태도, 의도 등입니다. 대표적으로 사회 정체성 연구가 있습니다. 사회 정체성은 개인이 집단 내에서 자신을 파악하고 특성을 공유하는 정도를 말합니다. 사회 정체성은 개인이 어떻게 행동할 것인지를 결정하죠.

예를 들어, 어떤 학생이 학교의 구성원 중 하나로 자신을 볼 때와 특정 연예인을 좋아하는 친구 모임 구성원의 하나로 볼 때의 행동은 달라질 것입니다. 그 학생이 다른 동아리에 가면 학교나 친구 모임에서와는 또 다른 행동과 모습을 보일 수도 있겠지요? 만약 동아리에 대한 사회 정체성이 없으면 평상시의 모습처럼 활동하겠지요. 외부 수련회에 가서도 해당 수련회의 참가자로서의 사회 정체성이 없으면 수련회 프로그램에 긍정적인 태도를 보이지 않을 것입니다. 이렇듯 사회 정체성은 개인의 행동을 설명하는 데 아주 유용한 근거가 되기 때문에 사회심리학에서 중요하게 다룹니다.

사회 정체성이 다르면 사회적 문제가 일어납니다. 우리에게는 모두 같은 스페인 사람이지만, 카탈루냐 지방의 사람은 자신을 스페인 사람이 아니라 카탈루냐 사람으로 생각하기 때문에 스페인에 카탈루냐 지방의 독립을 요구합니다. 영국인들도 잉글랜드, 스코틀랜드, 아일랜드, 웨일스로 사회 정체성이 나뉘어 있어서 월드컵 같은 축구 국가 대항전도 따로 할 정도이고, 독립 문제가 계속 불거지고 있습니다. 개인들도 정체성에 따라 다른 문화생활을 누리려고 합니다.

사회 정체성은 사람의 행동 변화를 일으킬 수도 있습니다. 사소한 문제로 서로 예민하게 굴던 한국인들도 스포츠 국가 대항전이 벌어지면 '나', '너'가 아니라 '우리 국민'이라는 정체성을 가지고 한곳에 모여 응원을 펼치니까요. 학교끼리 라이벌 의식이 있던 대학생들도 청년 실업 문제를 해결하자는 자리에서는 함께 뭉칩니다. 서로 대립하는 집단에 더 큰 사회 정체성을 느낄 만한 기회를 제공하는 것이 화합의 효과가 있다는 사실도 사회심리학이 밝혀냈습니다.

고정관념을 어떻게 바꿀까?

사회심리학은 '고정관념'도 다룹니다. 고정관념은 우리가 다른 그룹에 대해 가지는 이미지입니다. 고정관념이 문제가 되는 이유는 그 이미지가 실제 모습이 아니라 단순화되고 일반화된 이미지이기 때문입니다. 예를 들어, 덴마크 사람은 아주 다양한 모습을 가지고 있는데도 덴마크 사람 하면 "휘게!"를 외치며 집에서 촛불을 켜놓고 친구들을 불러 파티를 하는 모습을 주로 떠올리지요. 물론 그런 덴마크 사람도 있겠지만 우리가 갖고 있는 고정관념에서 벗어난 사람도 많을 것입니다. 한국 사람 하면 떠오르는 '근면 성실'의 이미지는 교실 책상에 엎드린 학생의 모습만 봐도 깨지기 쉬운 고정관념입니다. 물론 근면 성실한 한국인도 많습니다. 여러분과 저처럼요. 하지만 주변을 살펴보면 그 고정관념에서 벗어나는 사람도 많지요?

어떤 사람을 자세히 알기 전에 이미 그 사람에 대해 알고 있다고 착각하게 되면 문제가 생기기 쉽습니다. 이 문제는 단순한

차원에 그치지 않습니다. 고정관념 때문에 서로를 미워하기도 하고 지역감정, 성차별 등의 민감한 사회문제를 만들지요. 그래서 사회심리학자는 고정관념을 해소할 방법을 찾기 위해 연구합니다. 고정관념은 기존에 갖고 있던 신념에 부합하는 정보를 처리하려는 고집에서 비롯된 것이므로, 일부러 다른 정보를 많이 노출시켜야 한다는 사실까지는 밝혀냈습니다. 예를 들어, 패스트푸드를 먹으며 골똘히 고민하고 있는 덴마크 사람의 사진을 계속 보게 되면 늘 웃고 즐거워하고 휘게를 외치며 산다는 덴마크 사람에 대한 고정관념이 어느 정도 깨지게 되겠지요?

한편 자신의 이익을 지키기 위해 고정관념이 깨지지 않기를 바라는 사람도 있습니다. 그 사람은 고정관념을 지키려고 가짜 뉴스도 만들지요. 특정 지역 사람은 이렇다, 여성은 이렇다, 상대방 정당은 이렇다 등등. 사회심리학은 새로운 정보가 들어와도 고정관념이 깨지지 않고 변함없이 자신의 이익을 지지하도록 조장하는 가짜 뉴스 문제에도 관심을 갖고 있습니다.

고정관념과 관련된 편견도 사회심리학의 연구 주제입니다. 편견은 어떤 사람이나 상황에 대해서 신속한 결정을 하게 만드는 선입관적 태도입니다. 완전하지 않은 정보에 근거한 판단이라는 점은 고정관념과 비슷하지만 대개 부정적인 것이 특징입니다. 사실, 앞서 예로 들었던 '덴마크 사람의 휘게'와 '한국인의 근면 성실함'과 같이 긍정적인 편견은 드물어요. 편견은 고정관념을 강화시킵니다. 일단 편견을 바탕으로 신속하게 판단하고 나면 계속 그 방향으로 생각을 하게 되어 고정관념을 갖게 됩니다.

제인 오스틴의 소설 『오만과 편견』은 엘리자베스와 다시의 러브 스토리입니다. 그런데 제목을 보세요. 오만과 편견, 느낌이 오지요? 대단한 재력가에 좋은 가문 출신인 다시를 오만하다고 생각한 엘리자베스는 그의 청혼을 거절했습니다. 돈 많은 부자는 으레 그렇다는 편견이 작용했지요. 하지만 실제로 다시는 신실하고 타인을 공정하게 대할 줄 아는 선한 사람이었습니다. 후에 이 사실을 알게 된 엘리자베스가 청혼을 받아들이며 해피엔딩이 됩니다. 하지만 엘리자베스가 계속 편견에 휩싸였다면 러브 스토리는 없었겠지요?

현실에서도 좋은 감정을 가질 수 있는 사람인데도 편견 때문에 아예 멀리하는 경우는 없나요? 사회심리학에 대해 다루고 있으니 여기에서는 개인적 연애사보다 사회적으로 좀 민감할 수 있는 예를 들어 보겠습니다.

한국인은 아랍 문화에 대해서 잘 모릅니다. 뭔지 모르는 것은 불편하지요. 방에 들어갔는데 조명이 고장 나 앞이 안 보이면 불편한 것처럼요. 불편함에서 빨리 벗어나기 위해 성급하게 판단합니다. 이때 판단에 작용하는 것은 아랍 이슬람 문화에서 소중히 여기는 코란이나 아랍의 위인들과 같은 긍정적인 면이 아닙니다. 사람들의 이목을 사로잡았던 자극적인 테러나 여성에 대한 폭력, 성차별 뉴스 등입니다.

"아, 아랍인들은 모두 테러리스트이고 폭력적이고 여성차별을 당연시해."

더 자세히 고민하고 생각하지 않습니다. 다음에 또 비슷한 뉴스가 나오면 "역시!"라고 말하며 편견을 더 강하게 갖습니다. 한국인이 잘 놀러 가는 말레이시아는 아랍과 마찬가지로 이슬람 국가입니다. 말레이시아에 놀러 갔던 사람들이 흥겹게 말하는 여행담 속의 무슬림(이슬람 교도)과 앞서 예로 든 아랍인을 비교하면 편견이 얼마나 무서운 것인지 느낄 수 있을 것입니다.

한번 생각해 보세요. 한국의 문화, 위인, 전통 등을 고려하지 않고 외국에서 해외 토픽으로 다룰 정도로 추태를 부린 일부 한국 관광객이나 비행기를 회항시킨 사람의 모습을 보고 한국인을 생각한다면 그게 맞는 판단일까요? 빠른 판단이기는 하지만 올바른 판단은 아닙니다. 올바른 판단을 해야 올바른 행동을 할 수 있기에 사회심리학에서는 그릇된 판단이 만들어지는 과정과 그에 대한 해결 방법을 찾고 있습니다.

편견에서 벗어날 때 도움 되는 방법은 '입장을 바꿔 놓고 생각하기'나 '반대가 될 수 있는 사례를 더 자세하게 들여다보기'입니다. 아직 그 방법이 효과를 제대로 발휘하지 못해 여전히 편견과 고정관념이 사회에 만연해 있지만요.

사회심리학은 사람들이 사회적으로 폭력적인 언행을 하는 이유로 '정당한 세상 이론' 역시 밝혀냈습니다. 정당한 세상 이론은 '공평한 세상 이론'이라고도 합니다. 공평과 정당. 단어만 보면 나쁠 것 같지 않습니다. 정당한 세상 이론은 그래서 더 무시무

시합니다. 범죄 기사를 보고 "그래, 이 가해자는 나쁜 놈이야. 그런데 피해자도 ~ 하니까 이런 일을 당하지."라고 생각하는 사람이 있습니다. 사실, 아무 이유 없이 누구나 범죄에 노출될 수 있다고 하면 밖에 나가기가 무섭죠. 하지만 범죄가 일어나는 것에 가해자와 피해자가 결합되는 나름의 정당한 이유가 있다고 생각하면? 마음이 편해집니다. 왜냐하면 자신은 그런 피해자가 될 조건을 갖고 있지 않다고 생각하니까요. 거꾸로 말해 사람들이 '묻지 마' 폭력이나 살인을 더 무서워하는 것도 정당한 세상 이론에서 벗어나 있기 때문입니다.

예를 들어, 어두운 골목에서 사고가 났다면 "그렇게 어두운 곳에 가니까 사고가 나지."라면서 "나는 어두운 곳에 가지 않으니 범죄를 당할 일이 없어."라고 생각하는 것이죠. 이런 사고 패턴에 익숙해지면 사기 범죄의 피해자는 멍청하거나 부주의하다고 생각하여 동정은커녕 폭력적인 비판을 하기도 합니다. 도둑질한 사람이 나쁜 것인데도 "저 정도는 범죄도 아니야, 정치인은 더 많이 훔치는데도 말짱하잖아."라면서 도둑을 두둔하기도 합니다. 마치 서민의 좀도둑질로 정치인의 부패에 맞서 정당한 세상의 균형을 맞추려는 것처럼 말입니다.

범죄에만 정당한 세상 이론이 영향을 주지는 않습니다. 개인적으로 본인이나 다른 사람이 힘든 일을 당하면 "예전에 ~ 했으니 이번에 당해도 싸."라는 식으로 해당 문제와 상관없는 이유를 찾습니다. 그렇게 이유를 왜곡시키면 올바르게 문제 해결을 할 수도 없습니다. 예를 들어, "지난번 시합에서 우리 팀이 이겼으니 이번에는 질 만도 해."라고 한다면? 지난번 시합에서의 성공 요인을 더 살리고 이번 실패 요인은 분석해서 더 나은 경기력을 갖도록 노력해야 하는데 말이죠. 정당한 세상 이론에 갇히면 우리가 커다란 세상의 저울이 움직이는대로 휩쓸려 가는 존재처럼 느껴져 에너지가 빠집니다.

세상은 정당하지 않습니다. 정당하게 만들려고 노력할 뿐이지요. 정당한 세상 이론을 만든 사회심리학자들은 사회가 정당하지 않으니 더 꼼꼼하게 살펴보며 판단하고 행동하라는 메시지를 전달하고 있습니다.

우리 안의 반전을 이끌어 내는 사회심리학

사회심리학에서 가장 유명한 연구는 '복종'입니다. 복종은 사회심리학 초창기부터 현재까지 계속 연구 중인 주제입니다. 첫 포문을 연 스탠리 밀그램의 실험부터 살펴보겠습니다.

밀그램 교수는 권위에 대한 복종을 연구하던 중, 사람들이 파괴적인 권위에 굴복하는 이유가 개인적 성격보다 사회적 상황에 있다고 생각했습니다. 그 생각이 맞는지 검증하기 위해 실험에 참여할 사람들을 모집하고 실험 참가자들을 교사와 학생 역할을 하는 집단으로 각각 나눴습니다. 그러고는 학생 역할을 하는 사람을 의자에 묶고 전기 충격 장치를 연결했어요. 교사 역할의 실험 참가자가 학생 역할을 하는 사람에게 단어를 암기하게 하고 나중에 문제를 내서 답이 틀리면 교사가 전기 충격을 가할 수 있는 실험이었습니다. 그러나 사실 학생 역할의 참가자는 배우였고 전기 충격 장치도 가짜였죠. 흰색 가운을 입은 실험 진행자도 실제 전문성을 갖춘 사람이 아니었습니다. 하지만 교사 역할의 실험 참가자는 이 사실을 몰랐어요. 밀그램은 교사에게 학생이 문제를 틀릴 때마다 15볼트부터 시작하여 450볼트까지 한번에 15볼트씩의 전기 충격을 가하라고 지시했습니다. 그리고 밀그램은 교사가 전압을 높여 가는 과정에서 어떤 태도를 보이는지를 관찰했습니다. 밀그램의 지시를 받은 실험 진행자는 전압을 올릴지 말지 고민하는 사람들에게 "실험의 모든 책임은 내가 진다."며 전압을 올릴 것을 강요했습니다.

이 실험의 결과는 어떠했을까요? 보통의 가정용 전기는 220볼트인데, 실험에 참가한 예일대 학생들이 설마 사람이 죽을 수도 있는 450볼트까지 올리라는 지시를 따랐을까요? 네, 그렇습니다. 엄격한 선발 과정을 통과한 지성과 인성을 갖춘 예일대 실험 참가자 중 무려 65퍼센트가 450볼트까지 전압을 올렸습니다.

이 실험을 바탕으로 밀그램은 권위 있는 사람이 나름의 믿음을 줄 수 있는 논리로 설득하면 아무리 이성적인 사람이라도 윤리적, 도덕적인 규칙을 무시하고 명령에 따라 잔혹한 행위를 저지를 수 있다고 주장했습니다. 참고로, 실험 이후 밀그램은 실험 참가자에게 사람을 고문한 것이나 마찬가지인 상황을 겪게 해

심리적 상처를 받을 수 있는 실험을 했다는 이유로 예일대에서 쫓겨났습니다. 밀그램의 연구는 큰 충격을 안겨 줬습니다. 나쁜 성격을 가진 사람이 끔찍한 일에 가담하는 게 아니라 권위에 복종해서라니.

그 뒤로 스탠포드대 심리학과 교수인 필립 짐바르도는 가상으로 감옥을 만들어 새로운 실험을 했습니다. 이 스탠포드 감옥 실험은 나중에 영화화되기도 할 정도로 유명합니다.

짐바르도는 실험 지원자 중에서 심리적으로 안정되고 육체 및 정신적 장애가 없으며 과거 범죄나 약물 남용 이력이 없는 사람 24명을 뽑아 임의로 죄수와 교도관 역으로 나눴습니다. 그리고 심리학과 건물 지하에 있는 가짜 감옥에서 살도록 했습니다. 교도관이나 죄수 모두 그 감옥은 가짜이고 자신의 역할도 가짜인 것을 알고 있었죠.

하지만 실험이 시작되자 모두 가짜가 아니라 진짜로 상황에 몰입했습니다. 교도관은 비정하고 잔인하게 죄수를 대하기 시작했고 죄수는 굴욕적 대우에 괴로워하다가 둘째 날에 반란을 일으켰습니다. 교도관들은 소화기로 죄수들을 공격해서 반란을 진압했습니다. 그 다음에도 비정상적인 행동들이 죄수와 교도관 사이에서 벌어졌고, 4일째가 되자 몇몇 죄수들이 탈옥에 대해 얘기를 나누기도 했습니다. 그렇게 여러 일이 벌어지고 실험 시작 6일 만에 실험은 종료되었습니다. 대부분의 교도관은 죄수를 함부로 대할 수 있는 실험이 일찍 끝난 것에 화를 내기도 했습니다.

짐바르도는 권위자를 통해 '합법'이라는 메시지가 주어지면 불합리한 일에 대한 복종도 일어날 수 있다면서, 밀그램과 비슷하게 악한 성격이 문제가 아니라 악한 시스템이 사람을 악하게 행동하도록 만들 수 있다고 주장했습니다. 이 실험은 많은 사회 심리 연구를 촉진시켰습니다. 인지 부조화 이론, 귀인 이론, 동조 압력 연구 등으로 이어졌어요. 그중에서 설명이 가장 단순한 동조 압력 연구를 한번 살펴볼게요.

솔로몬 애시 박사는 사회적 압력이 복종을 만들어 내는지 알아보기 위해 대학 게시판에 '시각 실험'이라는 거짓 공지를 올리고 실험 참가자를 모았습니다. 실험 참가자들을 약 7명씩 집단으로 나누고 한 쌍의 카드를 보여 주었어요. 그런 다음 참가자들에게 왼쪽 카드에 그려진 직선과 같은 길이의 직선을 오른쪽 카드에서 찾게 했습니다. 오른쪽 카드에는 원래 직선보다 조금 더 긴

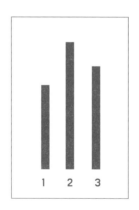

솔로몬 애시의 실험에서 제시된 카드의 예

직선과 똑같은 길이의 직선, 그리고 조금 더 짧은 직선이 그려져 있었죠. 여러분도 실험에 참가했다고 상상해 보세요. 답을 쉽게 맞출 것 같지 않나요?

그런데 사실 이 실험에는 트릭이 숨어 있었습니다. 실험 집단의 7명 중 진짜 실험 참가자는 1명뿐이었고, 나머지 사람들은 애시 박사의 지시를 받은 대로 움직이는 가짜 실험 참가자, 즉 실험 협조자였습니다. 실험 협조자들은 당당하게 오답을 말했습니다. "2번이 같은 것이에요."

진짜 실험 참가자는 속으로 "저런 쉬운 것도 못 맞추다니."하고 비웃었을지 모릅니다. 그런데 이어서 다른 사람도 똑같은 오답을 말하자 슬슬 이게 뭔지 고민이 되기 시작합니다. 그러다 자기 차례가 되었을 때 다른 사람을 따라서 오답을 말한 사람이 실험 참가자의 75퍼센트나 되었습니다. 오직 25퍼센트의 실험 참가자만이 유행하는 오답에 영향을 받지 않고 자신의 생각대로 말했습니다. 애시 교수는 이 실험에 대해 자신의 의견과 다르지만 사회적으로 더 일반화된 의견이 있으면 그게 틀렸음을 알더라도 사람들은 사회적 압력을 느껴 대부분 동조한다고 해석했습니다.

그런데 현실에서도 묵묵히 불합리를 따르는 사람이 있고, 소수이지만 자신의 생각을 끝까지 펼치는 사람이 있지 않나요? 자신의 생각을 굽히지 않는 사람은 원래 그런 대쪽 같은 성격을 갖고 있는 것일까요? 아니면 그것도 사회적 영향이 있는 것일까요?

미국 버클리대의 샬런 네메스와 신시아 칠레스는 소수이지만 잘못된 사회적 압력에 복종하지 않는 사람들의 이유를 찾기 위해 우선 애시 박사의 실험과 비슷한 설정을 했습니다. 연구팀은 네 명을 한 모둠으로 해서 슬라이드 색깔을 맞추는 실험을 했어요. 연구자는 한 장씩 슬라이드를 보여 주고 곧바로 슬라이드 색깔을 물어보는 식으로 20장의 색을 대답하도록 했습니다. 첫 번째로 파란색 20장 세트에서는 네 명 모두 파란색이라고 대답했죠. 그러고 나서 모둠을 바꿉니다.

다음 모둠은 몰래 들어온 실험 협조자 세 명과 진짜 실험 참가자 한 명으로 구성되었습니다. 이번에는 빨간색 20장 세트를 보도록 했습니다. 그런데 실험 협조자 세 명은 모두 주황색이라고 답했습니다. 그리고 미리 지시받은 대로 진짜 실험 참가자가 빨간색이라고 할 때마다 이상한 표정으로 쳐다보았죠. 그 결과 진짜 실험 참가자들은 20번의 질문 중 평균 14차례나 주황색이라고 대답했습니다. 사회적 압력에 굴복한 것입니다.

그런데 이후 연구진은 다른 조건에서 파란색 20장 세트를 보는 첫 번째 단계부터 실험 협조자를 딱 한 명만 투입했습니다. 그는 파란색 슬라이드를 보고 녹색이라고 대답하라는 지시를 충실하게 따랐습니다. 나머지 진짜 실험 참가자 세 명은 혼란을 겪지만 결국 모든 파란색 슬라이드를 파란색이라고 대답했습니다. 올바른 답과 사회적 압력이 일치했으니까요. 그런 다음 진짜 실험 참가자 한 명을 빨간색 슬라이드를 봐야 하는 모둠에 넣었습니다. 세 명의 실험 협조자는 일관되게 주황색이라고 대답했습니다. 하지만 이 조건에서 실험 참가자들은 다수의 의견에도 굴하지 않고 20개의 슬라이드 중 평균 17개를 빨간색이라고 대답했습니다. 자신이 옳다고 생각하는 바를 실천한 거예요.

이 실험이 용기를 내는 훈련을 한 것이 아니라 자신이 생각하는 바를 용기 있게 표현하는 장면을 잠깐 목격한 것뿐임을 잊지 마세요. 이 연구는 많은 역사적 사례와 위인을 설명할 수 있습니다. 평범했던 사람이 삼일운동을 보고 용기를 내서 독립군에 투신하거나 평범한 대학생이 민주화 투쟁에 몸 바친 이유를 찾을 수 있죠. 무엇보다 사회 속에서 자신의 생각을 소신대로 지켜 나가며 올바른 행동을 하는 방법도 이 사회심리 연구를 통해 생각해 볼 수 있습니다. 용기 있게 나서는 역할 모델을 찾는 것이 왜 중요한지, 왜 다른 쪽에서는 그런 역할 모델을 폄하하거나 없애려고 하는지를 생각해 보아야 합니다.

이 밖에도 사회심리는 공격성, 폭력, 리더십 등 개인이 사회적 동물로서 겪어야 하는 중요한 주제를 다양하고 심도 있게 다루고 있으니, 여러분도 관심을 갖고 보기를 바랍니다.

자신과 타인의 특질을 알아가는 성격심리학

자신의 주된 성향 파악하기

사회심리학과 밀접한 관련을 가진 분야로는 범죄심리학과 문화심리학 등이 있습니다. 사실 가장 관련이 있는 분야는 바로 성격심리학이에요. 개인이 사회적 환경에 적응할 때 보이는 특성이 바로 성격이니까요. 오죽하면 한국 심리학회의 분과학회 이름도 사회 및 성격심리학회겠어요.

20세기 초반부터 올포트, 아들러 등 여러 성격심리학자들이 연구를 진행해 왔습니다. 최근에는 그 연구들을 통합한 이론들이 만들어졌기 때문에 예전의 개별적인 성격 이론이 아닌 최근의 통합적 이론 두 개를 살펴보겠습니다.

우선 빅 파이브 이론, 즉 성격 5요인 이론이 있어요. 이 이론에서 주장하는 성격의 다섯 가지 요인은 바로 경험에 대한 개방성Openness to Experience, 성실성Conscientiousness, 외향성Extraversion, 친화성Agreeableness, 신경성Neuroticism입니다. 각 요인의 영문 스펠링의 첫 자를 따서 'OCEAN 모델'이라고 부르기도 합니다.

외향성은 대인 관계와 자극, 활력을 적극적으로 추구하는 성향입니다. 세부적으로는 사회성, 활동성, 적극성과 같은 특질을 포함하고 있지요. 외향성의 반대는 내향성이겠지요? 하지만 빅 파이브 이론에서는 하나의 요인 이름을 정해 놓고 반대 성향에 해당하는 단어가 아닌 '외향성이 높다' 혹은 '외향성이 낮다'와 같이 요인의 높고 낮음으로 이야기한답니다.

다음으로 친화성은 다른 사람에게 반항적이지 않은 협조적인 태도를 보이는 성향입니다. 한마디로 말해 '원만함'입니다. 이타심, 애정, 신뢰, 배려, 겸손 등과 같은 특질을 포함하고 있어요. 친화성의 반대는 무엇일까요? 네, '친화성이 없다'입니다. 굳이 '반사회적인 존재'와 같은 극단적인 표현까지 찾을 필요는 없어요. 친화성이 없다는 것과 반사회성은 다르거든요.

신경성은 분노, 우울함, 불안감과 같은 불쾌한 정서를 쉽게 느끼는 성향이지요. 걱정, 두려움, 슬픔, 긴장 등과 같은 특질을 포함합니다.

경험에 대한 개방성은 상상력, 호기심, 모험심, 예술적 감각을 추구하는 성향이랍니다. 경험에 대한 개방성이 없다면 보수주의가 됩니다. 지능, 상상력, 고정관념의 타파, 심미적인 것에 대한 관심, 다양성에 대한 욕구, 품위 등과 관련된 특질을 포함하고 있어요.

마지막으로 성실성은 목표를 성취하기 위해 성실하게 노력하는 성향입니다. 신중하게 판단하고 행동하는 것, 규준이나 규칙의 준수, 계획 세우기, 조직화, 과제 준비 등과 같은 특질을 포함하고 있습니다.

어떠한가요? 심리학 용어치고는 쉬운 편 아닌가요? "넌 외향적이야.", "그 사람은 친화성이 있어.", "그 애는 신경성 위염을 앓고 있을 것 같아.", "아, 너는 참 개방적이다.", "그래, 그 사람은 성실해." 등 일상에서 쓰는 용어들로 되어 있어서 이해하기 쉽죠. 설명을 학문적으로 하니까 더 어렵게 느껴지는 것뿐이에요.

이 다섯 가지 요인은 서로 독립적입니다. 즉, 어떤 사람이 외향적이라 사람들이 모이는 파티에 자주 간다고 해서 반드시 신경성이 낮은 것은 아니에요. 기운을 얻기 위해 파티에 가서 신나게 사람들과 이야기하지만 그곳에서 만나는 사람들이나 음식 등에서 쉽게 불쾌함을 느낄 수도 있지요. 드라마나 영화에 자주 나오듯 파티에서 갈등이 벌어지는 경우처럼요. 사람은 다섯 가지요인 중 어느 하나만 선택하게 되어 있는 것이 아니에요. 성향을 모두 갖고 있는데 사회적 상황에 따라 주되게 나타나는 성향이 있을 뿐이지요. 자신의 주된 성향을 알고 싶다면 빅 파이브 성격검사를 해 보기를 추천합니다.

참, 흔히 성격검사라고 하면 MBTI를 떠올리죠? 하지만 심리학에서는 MBTI를 잘 쓰지 않는답니다. MBTI의 이름에 있는 MB는 이 검사를 만든 모녀의 이름을 딴 것입니다. 2차 세계 대전 중 농업학과 출신인 어머니와 정치학과 출신인 딸이 융의 심리학 책을 읽고 직관적 생각으로 만든 검사가 바로 MBTI입니다. 사실 전공이 문제가 아니라 MBTI를 만든 분들은 과학으로서의 심리학에 걸맞은 활동을 하지 않았어요. 이 검사가 대중적으로 널리 쓰이자 문제가 생기면 그때그때 검사 내용을 바꾸는 정도로만 대응했지요. 심리학회에서도 MBTI가 워낙 대중적이다 보니 언급을 하는 것뿐입니다. 한마디로 말해 MBTI는 심리학에서 과학적으로는 공인되지 않은 검사인 거죠. 일찍이 저명한 성격심리학 저널 등 심리학계에서는 성격검사로서의 유효성을 입증할 만한 증거가 전혀 없음을 강조하고 있습니다. 심리학 전문 학회지뿐만 아니라 일반인 대상의 워싱턴 포스트 같은 매체에서도 MBTI의 문제점을 지적할 정도입니다.

심리학자들은 MBTI는 자동차로 따지면 소비자에게 해가 되는 요소가 많아 리콜을 해야 한다고 생각하고 있습니다. 리콜 후 부분적 수정이 아니라 화물 트럭을 고급 세단으로 개조하는 수준의 전면적 개선이 필요한 정도로 보고 있습니다. 정확한 진단이 있어야 정확한 처방도 가능하지요? 하지만 MBTI의 부정확한 진단 때문에 심리 왜곡과 잘못된 대응을 하게 될 수 있으니 조심해야 합니다. 재미를 위해서 하는 것은 괜찮습니다. 하지만 성격에 대한 직관을 얻을 수 있다고 진지하게 생각하면 안 됩니다. 오죽하면 검사하는 측에서도 진지하게 받아들이지 말고 참고만 하라고 하겠습니까? 여러분이 리트머스 시험지처럼 간단한 과학 검사 키트를 살펴보고 있는데 거기에 '이 검사 결과는 그때그때 달라질 수 있다'라거나 '검사 결과가 정확한 것은 아니니 진지하게 받아들이지 말라'고 하면 어떤가요? 심심풀이로 할 수는 있지만 그것으로 분석하고 연구할 생각은 하지 말아야겠죠?

당신은 정직합니까?

자, 이제 MBTI 검사 이야기는 이만 하고 최근에 나온 헥사코 성격 이론을 소개하겠습니다. 헥사코는 핵심 성격 요인으로 정직-겸손성Honesty-Humility, 정서성Emotionality, 외향성eXtraversion, 친화성Agreeableness, 성실성Conscientiousness, 경험 개방성Openness to Experience을 주장합니다. 이 여섯 가지 성격 요인의 머리글자를 따서 헥사코HEXACO 모형이라 부르죠. 빅 파이브 이론과 많이 비슷하지요? 신경성 대신에 덜 부정적인 정서성이라는 용어를 쓴 것이 눈에 뜨일 거예요. 사실 그보다 더 눈에 뜨이는 항목이 있습니다.

바로 정직-겸손성으로, 흔히 'H 팩터'라고 합니다. 이 정직-겸손성을 다섯 가지 요소에 추가한 덕분에 사람들 간의 성격 차이와 행동 차이를 유연하게 해석할 수 있습니다. 예를 들어, 정직성이 낮고 외향성이 높은 사람들은 어떤 모습을 보일까요? 다른 사람에게 주목받는 것을 즐겨서 남의 관심을 받기 위해 SNS에서 실제보다 강한 척 막말을 쏟아 내거나 힘을 과시하는 이미지를 수시로 올릴 것입니다. 때로는 합성 사진이나 가짜 뉴스를 활용하면서까지 말이죠. 관심을 받기 위해 자신이 했던 말이나 행동을 다른 사람이 증거로 들이밀어도 상대가 오해한 것이라며 화를 냅니다. 자신이 주목 받지 못해도 화를 냅니다.

한편 정직성이 낮고 성실성이 높은 사람들은 어떨까요? 어떻게든 경쟁에서 이기겠다고 열심히 하기는 하지만 시험 부정을 일으키기도 하고 출세와 승진, 자신의 이익을 위해 다른 사람들을 희생시키기도 할 것입니다. 여러분이 신입 사원을 선발한다면 이런 사람을 뽑고 싶을까요? 그래서 회사에서는 그 사람의 성격을 볼 수 있는 돌발 면접이나 압박 면접 혹은 조별 과제를 통해 채용하는 경우가 많아졌습니다.

정직성과 겸손성이 높은 사람들은 물질적 부와 과시성 소비를 멀리합니다. 다른 사람을 등급으로 나누지 않고 자신도 서열화되는 것을 좋아하지 않습니다. 평등과 사회 복지에도 관심이 있습니다. 위계 조직을 싫어하고 수평적 조직을 좋아합니다.

정직하며 정서 안정성이 높은 사람은 배우자에게 믿음을 주는 행동을 할 것입니다. 반대로 정직하지 않고 정서적으로 불안정한 사람은 감정 변화가 많고 거짓 핑계를 많이 대며 상대방에게 스트레스를 줄 것입니다. 이렇게 정직성과 다른 성격 요인을 결합시키면 사회적으로 보이는 행동에서부터 개인적 연애 상황까지 설명할 수 있습니다.

그렇다면 정직한 사람들을 어떻게 구별할 수 있을까요? 당사자에게 "당신은 정직합니까?"라고 물으면 될까요? 정직한 사람은 진실대로 정직하다고 대답하겠지만 정직하지 않은 사람은 거짓말로 정직하다고 할 텐데요. 헥사코 심리 검사지를 들고 다니면서 "일단 검사부터 하자."고 할 수는 없겠죠? 여기, 간단한 방법이 있습니다.

첫째, 정직한 사람은 말이 길지 않습니다. 독일의 율리우스 막시밀리안 뷔르츠부르크 대학 연구에 따르면 정직한 사람들은 빙빙 돌려 말하기를 즐기지 않고 본인이 싫어하거나 잘 맞지 않는 사람과 시간을 보내려고 하지 않습니다. 무엇이 옳고 그른지 정직하게 판단하고 표현하는 사람이니 당연하겠지요? 좋은 게 좋다는 식으로 여기저기 기웃거리며 장황하게 이야기하는 사람이라면 정직성을 한번 의심해 보세요.

둘째, 정직한 사람은 거짓말을 참지 않습니다. 자신도 거짓말하지 않지만 다른 사람의 거짓말도 '넓은 마음'을 운운하며 참으려 하지 않습니다. 사회적 물의를 일으킨 사람이 "저는 잘못이 없습니다."라고 했다가 그 말이 거짓말로 드러난 경우가 있지요. 그런 사례로 상대방을 확인해 보세요.

"뭐, 그 정도는 애교 아니니?" 혹은 "나라도 그랬겠다." 식으로 말하는 사람이라면 어떨까요? 자기 욕망에는 정직할 수 있지만 사회적으로 인정받을 만한 정직함을 갖추지는 못한 사람입니다.

셋째, 정직한 사람들의 주변에는 정직한 사람들이 가까이 있습니다. 정직하지 않은 사람과는 거리를 두고 거짓말을 참지 않으니 주변에는 정직한 사람들이 더 많을 수밖에 없겠지요? "대인 관계가 넓어야 사회생활을 잘해."라며 억지로 누군가를 사귀는 사람보다 정직의 힘을 믿고 확실한 대인 관계를 맺는 사람이 더욱 정직하게 살아갈 수 있을 것입니다.

앨버트 아인슈타인은 이렇게 말했습니다.

"사소한 일이라도 진실하지 않은 사람에게는 중요한 일들을 맡길 수 없다."

아인슈타인이 살았던 20세기만이 아니라 정직은 불신이 팽배한 사회에서 더 큰 힘을 발휘하는 성격입니다.

성격을 선택할 수 있을까?

성격은 선택할 수 있을까요? 선택할 수 있다고 믿는 심리학자도 있고 선택할 수 없다는 심리학자도 있습니다. 성격을 선천적인 것으로 본다면 선택할 수 없는 것이고, 후천적인 것으로 본다면 선택할 수 있는 거겠죠. 이게 바로 심리학에서 유명한 논쟁거리인 본성-양육 주제입니다.

심리학자인 한스 아이젠크는 유전적으로 성격이 결정된다고 주장했습니다. 어떤 사람이 범죄자가 되는 것도 유전적인 성격

결함에 의한 것이라 주장했지요. 아이젠크는 성격을 정신증적 경향성Psychoticism, 외향성Extraversion, 신경증적 경향Neuroticism으로 나눴기에 그의 이론을 'PEN 모델'이라고도 합니다.

보통 정신증이 높은 사람들은 무책임하거나 현명하지 않은 일을 쉽게 저지릅니다. 그런데 아이젠크는 정신증이 높은 사람들이 좀 더 창의력이 높은 경향이 있다는 사실도 함께 발견했습니다. 아이젠크는 정신증이 생물학적 요소와 테스토스테론과 같은 호르몬과 연관이 있다고 주장했습니다. 그의 PEN 모델에 따르면 정신증 수치가 높은 사람은 호르몬 때문에 보상과 처벌을 통해 배우는 사회적인 기준에 적응하는 것이 더 어렵고, 결국 자신의 욕구를 충족하기 위해 범죄 행위에 가담하게 될 가능성이 좀 더 높다는 것입니다. 호르몬 작용과 같이 개인이 성격을 선택할 수 없다는 점을 강조했기에 그의 이론은 논란이 되었죠.

아이젠크는 외향성이 높은 사람들은 사회적 활동에 더욱 많이 참여하는 반면, 내성적인 사람들은 좀 더 조용히 생활하며 많은 사람들이 모이는 모임을 꺼려하는 것으로 구별합니다. 여기까지는 다른 성격 이론가와 비슷하게 보일 거예요. 하지만 아이젠크는 외향성이 두뇌 활동 또는 대뇌피질 자극의 정도와 관련이 있다고 믿었어요. 외향적인 사람들은 대뇌피질 자극 수준이 높지 않아서 그로 인해 외부적인 자극을 원한다고 주장했어요. 반대로 이미 두뇌 활동성이 높은 내성적인 사람들은 그 이상의 자극을 피하게 된다고 주장했지요. 뇌의 특성이 다르니 개인이 의도적으로 성격을 선택하기 힘들다는 관점과도 연결됩니다.

아이젠크는 높은 신경증을 가지고 있는 사람들은 높은 수준의 스트레스와 불안을 경험하는 경향이 있다고 주장했습니다. 신경증이 높은 사람은 상대적으로 별로 중요하지 않은 문제를 걱정하고 그 의미를 과장해서 생각하죠. 긍정적인 측면보다 부정적인 부분에 더 집중하는 것도 특징이고 자신보다 나은 위치에 있는 다른 사람들에게 질투를 느끼며 불만을 더 잘 느낍니다. 반대로 신경증 수치가 낮은 안정적인 사람들은 실패와 스트레스 등 부정적 사건을 좀 더 수월하게 극복하며 만족을 잘 느낍니다. 물론 아이젠크는 주변 환경과 같은 상황 요인의 영향력을 완전히 부정하지는 않았어요. 단, 개인이 선천적으로 갖고 있는 특성이 특정 환경과 만날 때 더 두드러질 수 있다는 식으로 설명했어요. 선천성을 훨씬 중요시한 것이지요.

사이코패스는 선천적일까?

주제를 좀 더 세부적으로 들어가 사이코패스 범죄자를 다뤄볼까요? 대부분의 연구자들은 사이코패스에게 어느 정도 공통적인 선천적 특성이 있다는 데 동의하고 있습니다. 특히 뇌의 모양이 다르지요. fMRI를 이용해 뇌를 찍어 보면 감정이 수반되는 도덕 판단을 내릴 때 필요한 뇌 영역인 우측 전전두피질과 측두엽의 회백질 양이 적고 활성화 정도도 낮습니다.

미국의 뇌신경심리학자인 제임스 팰런 교수도 사이코패스의 특징을 뇌에서 찾는 연구를 하고 있었습니다. 그러던 어느 날 전형적인 사이코패스의 뇌 사진을 발견하고 기뻐했어요. 그런데 그 사진은 바로 자신의 뇌를 찍은 사진이었습니다. 팰런 교수는 깜짝 놀랐죠. 혹시나 하는 마음으로 조상의 행적을 추적했습니다. 그랬더니 백여 년 전, 직계 조상 중에 일곱 명이나 끔찍한 살인죄를 저질렀다는 사실을 알고 더욱 놀랐습니다.

자, 성격의 선천성 영향력이 크다는 주장이 맞다면 팰런 교수는 사이코패스를 연구하는 심리학자가 아니라 범죄자가 되었어야 하지 않을까요? 팰런 교수는 자신의 출생 배경과 성장 과정을 돌아본 결과, 성격에 전적으로 선천적이거나 전적으로 후천적인 요인은 없다고 주장했습니다. 후천적 노력으로 해당 성격이 나타나는 정도나 수준을 바꿀 수도 있습니다. 냉정하게 살인을 하는 대신 침착하게 자료를 해석하고 실험하는 연구자가 될 수 있지요.

그래도 유전적으로 사이코패스의 뇌를 갖고 태어났으니 성격도 사이코패스라고요? 네, 그럴 수 있습니다. 하지만 팰런 교수는 그 성격을 범죄가 아니라 자신의 삶을 변화시키는 데 활용했습니다. 유전적 성향에 굴복한 게 아니라 성장을 위해 선택한 것이지요. 그러니 성격 검사를 통해 나온 결과가 마음에 들지 않는다고 너무 낙담하지 마세요. 더 발전적으로 선택할 만한 길은 꼭 있습니다. 심지어 사이코패스 뇌를 갖고 있는 사람도 그러했는데 외향성, 내향성 등의 일반 성격은 선택에 의해 좌우될 확률이 더 크겠지요?

사이코패스 뇌를 갖고 있어도 사이코패스가 되지 않는 사람이 있지만 사이코패스 뇌가 아니어도 사이코패스가 되는 경우가 있습니다. 그래서 심리학자들은 일차적 사이코패스와 이차적 사이코패스로 나눠서 성격 연구를 합니다. 일차적 사이코패스는 선천적인 영향력이 큰 경우이고 이차적 사이코패스는 후천적·사회적인 영향력이 큰 경우입니다. 일차적 사이코패스가 보편적으로 많이 알려진 사이코패스의 특성을 더 많이 갖고 있기는 합니다. 즉, 냉담하고 공감 능력이 떨어지며 스릴을 추구하고 무책임한 경향이 더 두드러져 뇌에서도 해당 부분에서 문제를 보입니다.

하지만 성장 과정에서 학대를 받았거나 큰 사건을 겪어서 후천적으로 사이코패스가 되는 경우도 있습니다. 한국의 대표적 사이코패스 중의 하나였던 연쇄 살인마 정남규는 어린 시절 아버지의 끊이지 않는 폭행과 어른에게 성추행과 성희롱을 당한 일로 학교생활에 잘 적응하지 못했으며, 고등학교 재학 중에는 집단 따돌림과 학교 폭력을 겪었어요. 그러면서 후천적으로 잔인한 성향이 더 강화되었지요. 그렇지만 이차적 사이코패스는 일차적 사이코패스에 비해서는 감정과 공감 능력과 죄책감이 있습니다. 그래서 적절한 기회가 주어진다면 더 나은 성장을 할 수 있습니다. 끔찍한 범죄를 저지르고 참회를 하는 경우처럼 말이지요.

극단적인 성격 장애인 사이코패스를 왜 굳이 예로 들어 설명했냐고요? 사이코패스 성향을 타고 난 팰런 교수나 후천적으로 사이코패스가 된 사람도 더 긍정적으로 변할 수 있다면 우리는 어떻게 해야 할까요? 성격이 선천적이냐 후천적이냐 하는 논쟁보다는 성격을 성장과 행복을 위해 더 좋게 변화시킬 혹은 표현할 방법을 찾는 데 더 힘을 써야 하지 않을까요?

중독에 잘 빠지는 성격이 따로 있다?

성격은 외부 자극에 안정적으로 일관되게 반응하는 패턴입니다. 그래서 많은 심리 문제를 성격으로 설명할 수 있어요. 중독도 성격 특성으로 설명할 수 있죠. 심리학자의 연구에 따르면 중독에 잘 빠지는 성격이 따로 있습니다. 중독은 뭔가를 그저 열심히 하는 게 아니에요. 예술가가 예술 작품을 열심히 만들고 있으면 '중독'이 아니라 '몰입'이라고 하겠지요? 중독은 '외부의 어떤 대상에 심리적으로 전적으로 의존하는 것'이에요. 의존할 수 있는 대상은 많이 있어요. 도박, 음주, 흡연, 게임 등 거의 모든 상황이나 물건에 중독되는 것이 가능해요. 그러니 중요한 것은 대상이 아니라 의존에 빠지는 마음 상태겠지요?

중독에 잘 빠지는 사람은 약속을 하려고 하지 않아요. 약속을 해도 지키는 것을 특히 어려워합니다. 순간적인 욕구를 누르고 진득하게 약속을 지키려 노력하기보다는 쉽게 흥분하고 쉽게 흥미를 잃는 성향이 강합니다. 자기가 하는 약속뿐만 아니라 정해진 규칙 혹은 그런 원칙을 강조하는 권위적인 사람을 싫어해요. 어떻게든 피하려고 하지요. 그냥 피하는 게 아니라 규칙, 원칙, 권위는 필요 없는 것이고 자유를 억압하는 나쁜 짓이라고 적극적으로 주장하며 자신의 행동을 합리화하기도 해요.

약속과 규칙을 싫어하는 것에서도 알 수 있듯이 도덕적으로 책임감이 강하지 않아요. 그래서 거짓말도 쉽게 해요. 거짓말을 잘못된 일로 여기는 게 아니라 상황을 더 잘 헤쳐 나가는 유용한 수단이라고 생각해요. 평소에 열등감이 많아 당당함과 우월감을 느끼고 싶어 충동적으로 일을 저지르는 성향도 있어요. 충동이 생길 때는 저돌적이지만 평상시에는 많이 순종적이에요. 자신이 중독되는 대상을 누군가가 공격할 때만 빼고요. 또 충동적인 성향이 있으니 자주 "지루하다."는 말을 해요. 노력하지 않고 좋은 성과를 바라니 순간순간이 지루해요. 빠른 결과물을 보고 싶어 자극적인 대상에 더 마음을 빼앗기지요.

이런 성격의 소유자가 게임을 만나면 어떻게 될까요? 게임 중독에 빠지기 쉽습니다. 사람들은 게임을 과도하게 즐기면 흔히 '게임 중독'이라고 합니다. 하지만 심리학에서는 '과도함'과 '중독'을 구별합니다. 게임이 재미있어 과도하게 시간을 많이 쏟을 수는 있습니다. 하지만 일상생활을 정상적으로 한다면 '중독'은 아닙니다.

저도 어떤 날에는 온라인 게임 서비스인 트위치에서 스트리

밍을 할 정도로 게임을 즐기지만, 곧 상담하고 집필하는 일상으로 돌아옵니다. 저는 열정적인 게임 플레이어일 수는 있지만 중독자는 아닙니다. 저 자신을 변명하기 위해 하는 말이 아닙니다. 같은 취미를 가지고 모인 동호회는 특정한 날에 과도할 정도로 자신들이 좋아하는 것에 시간과 열정을 쏟습니다. 그런 다음 일상으로 돌아가서 정상적인 활동을 하지요. 그런 사람은 중독자로 부르지 않고 '제대로 즐기는 사람'이라고 부릅니다. 게임 중독으로 상담을 온 학생의 경우에도 게임이 재미있다고 말합니다. 그 자체는 게임을 제대로 즐기는 사람과 같습니다. 하지만 일상생활에 지장을 줄 정도로 몰입하면 '게임 중독자'입니다.

그럼 사람들은 왜 중독에 빠지는 것일까요? 중독은 쾌감에서부터 시작합니다. 재미가 있으면 아드레날린이 분비됩니다. 아드레날린은 행복한 감정을 일으키는 도파민 분비를 촉진합니다. 한마디로 기분이 아주 좋아지지요. 이것까지는 문제가 없습니다. 하지만 숙제나 학교 수업이 재미없을 때 공부 방법을 바꾸려 하기보다 당장 기분이 좋아지는 게임에 바로 의존하려 한다면 문제가 됩니다. 게임이든 공부든 잘하기 위해서는 모두 노력해야 합니다. 하지만 게임은 즉시 쾌감을 주고 쾌감의 양도 많으니 게임에 몰두하게 됩니다. 그 쾌감을 얻기 위한 노력마저도 재미라고 생각합니다. 게임의 재미는 포기하기 힘들지요. 다른 재미있는 것을 찾지 않습니다. 확실히 재미를 준 게임을 중심으로 쾌감을 얻고자 해요. 다음에 할 게임이나 현재 하고 있는 게임에 대해 생각하느라 많은 시간을 보냅니다. 그럴수록 게임이 아닌 다른 것에는 흥미를 잃죠.

게임에도 내성이 생깁니다. 처음 게임을 했을 때 느꼈던 쾌감을 다시 맛보고 싶어서 게임을 하지만 마음처럼 되지 않습니다. 같은 게임을 계속하면 질리거나 처음처럼 재미있지 않습니다. 그래서 다른 게임을 찾고 원래의 쾌감을 얻으려 더 많은 노력과 시간을 들입니다. 이게 바로 게임 중독자의 모습입니다. 게임 중독에 빠지면 모든 것이 게임 중심이라서 판단력이 흐려집니다. 그러다 사고를 저지르기도 해요. 그런데 사고를 저지르지 않아도 게임 중독은 무서운 병입니다. 진정한 행복을 위해 열정을 쏠 기회를 날려 버리니까요.

게임 중독은 분명 문제입니다. 하지만 게임 중독을 만든 또다른 문제가 있을 수 있습니다. 만약 대인 관계가 좋지 않다면 친구와 재미있게 놀기보다는 게임에 빠질 확률이 높습니다. 가정 불화 때문에 혼자 시간을 보내며 뭔가 재미있는 것을 찾다가 게임에 빠질 수도 있지요. 그래서 게임 중독을 치료하려면 해당 문제를 해결해야 합니다. 그저 게임이 문제이니 게임만 끊으면 된다고 생각한다면 초조, 불안, 무기력 등 또 다른 문제를 만들기 쉽습니다. 때문에 자신이 게임 중독에 빠졌다는 생각이 들거나 빠질까 봐 두렵다면 심리 상담하는 곳이나 신경정신과를 꼭 찾아야 합니다.

신경정신과에서는 게임 중독과 관련된 증상을 완화시키는

약물을 처방해 주어 도움이 됩니다. 심리 센터에서 미술 치료, 가족 치료, 인지 치료 등을 받을 수도 있고 게임 중독 전문 프로그램을 운영하는 기관에서 합숙 치료를 받을 수도 있어요. 약물 처방이나 상담 치료를 받기 전에 자기 자신이 할 수 있는 예방 및 치료법도 있습니다. 중독은 '전적으로 의존하는 성향'이라고 했지요? 게임을 밤을 새면서 하는 것은 당연히 문제입니다. 하지만 게임을 완전히 끊어야 한다는 극단적인 생각도 올바르지 않습니다. 극단적으로 다른 대상에 또 몰입할 수 있으니까요. 그럼 본격적으로 방법을 알아볼까요?

첫째, 게임 중독 치료와 예방의 핵심은 '끊기' 이전에 '줄이기'입니다. 우선 타이머를 맞춰 놓고 게임을 줄이거나 특정 미션까지만 하고 끄기로 여러분의 '게임 중독'을 염려하는 사람과 약속해 보세요. 끊는 것이 아니라 일단 줄이는 것을 목적으로 하면 의지력이 생깁니다. 보호자나 교사 등 다른 이가 아니라 자신의 입장에서 확실히 줄일 수 있는 양을 정해서 실행해 보세요. 마치 현실 게임 미션처럼요. 그리고 미션을 완료하면 당당하게 아이템을 요구하세요. 혹은 자기 자신에게 칭찬해 주세요.

둘째, 전적으로 게임에만 몰두하지 않게 다른 재미있는 대상을 찾으세요. 학교에서 하는 동아리, 외부 동호회를 찾는 것도 방법입니다. 그런데 이때 무턱대고 찾지는 마세요. 자신과 나이, 성향 등이 비슷한 사람들이 게임 말고 어떤 것을 좋아하는지를 관찰해서 마음이 조금이라도 움직이는 쪽을 선택해 보세요.

셋째, 자기 통제력을 키우는 훈련을 해 보세요. 자기 통제력이 있는 사람은 좋아하는 것에 몰입했다가도 다른 일상으로 돌아오는 힘이 있거든요. 의학적으로 게임 중독은 '충동 조절 장애'와 밀접한 관련이 있어요. 자신의 충동을 조절하는 힘을 기르면 게임 중독에서도 벗어날 수 있습니다. 그런데 게임에 대해 자기 통제가 잘 안 되는 사람이 게임으로 자기 통제력을 훈련하는 것은 효과적이지 않아요. 게임 말고 밥 먹기, 걷기, 자기 등등 자신이 그나마 통제할 수 있는 것을 정해서 충동을 조절하려고 노력해 보세요. 자신감이 붙겠지요? 그러면 중독에 빠지기 쉬운 성격을 더 좋은 방향으로 조절하며 게임에 더 이상 휘둘리지 않게 될 거예요.

집단과 기업을 위한
산업 및 조직심리학

조직에도 심리학이 필요하다고?

저는 심리학을 처음 배우던 학부 때, 산업 및 조직심리학이라는 말이 참 이상했습니다. 특히 조직이요. 왠지 무서운 깡패 조직이 생각났거든요. 산업과 조직은 심리학이 접근하기에 너무 큰 단위가 아닌가 싶기도 했어요. 심리학이라고 하면 개인의 상담이나 성격 분석만을 생각하던 수준이었으니까요. 하지만 공부를 하고 나서 그것이 오해라는 것을 알게 되었습니다.

산업 및 조직심리학은 영국에서는 직업심리학이라고 부르고 유럽의 많은 나라에서는 직업 및 조직심리학이라고 부르지만 주된 연구 내용은 비슷합니다. 산업 및 조직심리학은 사회의 한 부분인 직장에서의 개인행동을 이해하기 위해 연구하는 심리학 분야입니다. 순수 학문적 연구라기보다는 직장, 즉 조직의 생산성 및 효율성을 향상시키는 응용 연구의 특성이 강해요.

산업 및 조직심리학이 융성하게 된 계기는 1차 세계 대전입니다. 당시 심리학자들은 군대에서 정신적 능력이 부족한 사람들을 가려내고 선발된 신병들을 적절한 직무에 배치하는 방법을 제안했습니다. 일반 지능검사들을 수정해서 군대에 맞는 지능검사를 만들었지요. 당시 신병들의 문맹률이 높아 영어를 읽지 못하는 사람들을 위해 비언어적 지능검사를 만들기도 했습니다. 아무튼 심리학 지식을 군대라는 특수 상황에 적용하면서 각종 조직들이 심리학의 응용 가능성에 관심을 갖게 되었습니다. 그 결과, 다양한 일터에서 심리학을 적용하는 산업 및 조직심리학은 더욱 발전했지요. 현재 산업 및 조직심리학자들은 일터에서 일어나는 일들을 더 체계적으로 이해할 수 있도록 과학적인 방법을 사용하여 연구하는 이론가이자, 축적된 심리학 연구 결과를 바탕으로 실제 문제를 해결하는 컨설턴트로서 활동하고 있습니다.

산업 및 조직심리학자의 연구 주제는 크게 다섯 가지로 나뉩니다. 첫째, 선발과 배치 분야입니다. 이 분야는 직원의 선발, 배치, 승진을 위한 측정 방법을 개발하는 데 주안점을 두고 있습니다. 회사에서 인사과의 업무를 생각하면 이해가 쉬워요. 인재 선발 시에 쓰는 검사가 실제로 직무에서의 수행 성과를 얼마나 잘 예측할 수 있는지 연구합니다. 만약에 선발을 잘못했다면 바로 내치는 게 아니라 직원의 특성과 지식과 기술과 흥미에 가장 적합한 직무를 찾아내서 직원을 재배치하기도 합니다.

둘째, 교육과 개발 분야입니다. 이 분야는 더 나은 직무 수행 능력을 이끌어내기 위하여 직원의 지식과 기술을 발달시킬 수 있는 방법을 다룹니다. 조직에서 사원 연수나 해외 연수, 직무 역량 강화 교육을 시키고 도서 구입비를 지원하는 등의 다양한 교육 지원을 하는 배경에 바로 이 산업 및 조직심리학의 연구 성과가 있습니다. 교육을 실시한 다음에 실제로 효과가 있었는지를 평가하는 것도 이 분야의 연구 주제입니다.

셋째, 직무 수행 관리 분야입니다. 일터가 재미있으면 좋습니다. 하지만 재미만을 위해서 조직을 만들지는 않지요? 조직이라면 이루고 싶은 목표가 있습니다. 그 목표를 달성하기 위해 여러 조직원의 일을 정합니다. 그 일을 직무라고 합니다. 직무를 정해 놓았다고 해서 직원이 알아서 일하지는 않을 거예요. 수행 관리를 해 줘야 합니다. 수행 과제를 내고서 선생님이 중간 중간에 관리를 하는 것처럼 조직에서도 수행 관리를 하는 것입니다.

직무 수행 관리를 위해서 직무 분석을 합니다. 직무 분석은 해당 일을 수행하기 위해 필요한 과업 활동과 과업자의 능력을 세분화하여 정의하는 절차를 말합니다. 말이 조금 어렵지요? 예를 들어 설명하겠습니다. 학교 교사의 일은 무엇일까요? 학생들 가르치는 것이요? 좋습니다. 그 커다란 직무를 세분화해서 보세요. 가르치기 위해서는 교사 자신이 공부하는 일도 필요해요. 수업 자료를 만드는 일도 해야 합니다. 시험 문제도 내야 하고 채점도 해야 합니다. 이런 식으로 직무 분석을 하면 각각의 세부 활동에 대한 진도 관리와 능력 평가가 가능하겠지요? 이해되었다면 여러분 자신의 직무 분석도 해 보세요. 거기에서부터 산업 및 조직심리학자로서의 첫걸음을 내딛게 될 거예요. 그리고 직무 수행 관리는 직원의 직무 관련 행동을 평가하는 방법을 고안하고 수행 향상을 위해 도움이 되는 피드백을 어떻게 줄 것인지를 고민해야 합니다. 냉정하게 관찰하면서도 따뜻한 배려와 꼼꼼함이 함께 있어야 하는 복잡 미묘한 분야입니다.

넷째, 조직 효과성 분야입니다. 산업 및 조직심리학 중에 가장 큰 분야입니다. 조직원들의 동기, 리더십, 조직의 적응 문제 등을 다룹니다. 조직 효과성 연구를 통해 더 생산적이고 효율적인 일터를 만드는 데 관심이 있습니다.

조별 과제 인원수의 비밀

조별 과제를 할 때 이상적인 인원수는 몇 명일까요? 그냥 혼자 하는 게 가장 편하다고요? 물론 그럴 수 있습니다. 그런데 심리학에 따르면 다른 결론이 나와 있습니다. 앞에서 산업 및 조직심리학은 현실의 기업과 기관에서 많이 응용되었다고 했어요. 기업과 기관에는 다양한 팀이 있고 그 팀은 다양한 프로젝트를 진행합니다. 마치 조별 과제처럼요. 그래서 어떻게 조를 짜서 프로젝트를 할 때 가장 성과가 좋은지에 대한 연구도 많이 진행되어 있답니다. 그 연구를 학교에서 조별 과제팀을 구성하는 데도 응용할 수 있어요.

먼저, 팀원이 두 명이면 어떨까요? 서로 호흡이 잘 맞으면 좋지만 그렇지 않다면 끝까지 싸우다가 아무 성과도 나지 않겠죠. 의견이 맞지 않을 때 결정을 내리기도 힘듭니다. 무엇보다 비슷한 수준의 두 명이 서로 지식과 기술을 주고받는 것에도 한계가 있을 수밖에 없어요.

팀원이 세 명이면 어떨까요? 의견이 대립할 때 다수결로 어떻게든 결론을 내릴 수 있는 장점이 있습니다. 사실 세 명이 똘똘 뭉치는 경우는 많지 않으니까요. 두 명이 더 친하고 다른 한 명은 좀 덜 친한 구조가 되기 쉬워요. 그래서 셋 중 한 명은 팀원이면서도 일종의 외부에 있는 비판적 감시자의 역할을 하게 된다는 장점이 있습니다. 의견과 지식, 기술이 서로 다를 확률이 두 명일 때보다 더 높아져서 상호작용도 활발해집니다. 그런데 문제는 두 명 중 한 명이 아프거나 다른 일로 빠지면 원래 기대했던 조직의 성과가 나오지 않는다는 점이죠.

네 명이면 어떨까요? 한 명이 빠져도 괜찮으니 좋겠지요? 아닙니다. 두 명씩 편을 갈라 의견 대립을 할 확률이 더 높아져서 실행력이 낮아집니다.

다섯 명이면 어떨까요? 의견, 지식, 기술이 다양해지고 의사 결정도 다수결로 잘 되며 창의력이 높아집니다. 특정인의 의견에 쉽게 휘둘리지 않고 객관적으로 상황을 판단하는 힘도 강해져요. 그래서 대부분 조별 과제는 다섯 명으로 진행하는 것을 원칙으로 합니다.

여섯 명으로 조를 짜서 한 명에게 비판적으로 꼬투리를 잡게하는 '악마의 변호인'을 맡게 하는 경우도 있습니다. 다섯 명의 상호작용을 더 역동적으로 만들어서 더욱 긍정적인 성과를 내게끔 하는 것이지요. 여러분이 일상생활에서 친구들과 활동할 때에도 구성원의 숫자가 짝수보다는 홀수인 경우에 타협, 갈등, 경쟁, 협동 등 더 다양한 상호작용이 일어나지 않았나요? 운동 경기에서도 심판의 숫자가 짝수인 경우보다 홀수인 경우가 더 많다는 것을 잊지 마세요.

상호작용을 더 늘리기 위해 팀원을 일곱 명이나 아홉 명으로 하는 건 어떨까요? 그러면 사회적 태만이 일어납니다. 자신의 노력이 어떻게 성과와 연결되는지 확인이 잘 안 되니 적극적으로 나서지 않는 사람이 생기죠. 그러면 상호작용이 특정 지점에서 멈추고 조직 갈등만 커집니다. 명확하게 업무를 나눠 주면 상황이 나아지지만 시간이 지나면 다수 속에 숨어 다시 태만해질 가능성이 있습니다. 그래서 조직에서는 인원을 한없이 늘리지 않습니다. 가급적 팀을 잘게 나눠서 특정 프로젝트를 진행하는 것도 사회적 태만을 막고 명확한 책임과 성과를 나눠 주기 위해서예요.

산업 및 조직심리학은 팀원 배분뿐만 아니라 문제 해결 방식의 변화도 이끌어 냈습니다. 예전에는 조직에서 문제가 생기면 하급 직원이 분석 후 서류로 작성해서 상사에게 보고하고 그 상사는 더 위의 상사에게 보고하는 식으로 위로 올라가고 올라가 사장이 결재를 했어요. 그러면 다시 차례대로 문제 해결 방향에 대한 지침이 내려오고 해당 지침에 맞는 구체적 방법을 다시 위로 올려 또 결재를 받는 식으로 진행했습니다. 당연히 비효율적이지요.

대기업의 대명사인 GE 그룹의 잭 웰치 회장은 이런 비효율성을 참지 않았습니다. 노엘 티치 같은 심리학자를 불러 대책을 세우라고 했죠. 그 결과로 나온 것이 바로 '워크아웃'workout입니다. 문제가 생기면 리더를 포함한 관련자들이 모여 해당 문제를 분석하고 해결책을 찾아 바로 결정하는 방식으로 회의 및 보고 문화가 바뀐 것입니다. 산업 및 조직심리학의 효과를 깨달은 웰치는 다른 조직 문화도 만들도록 했습니다. 그 결과, 조직의 리더는 프로젝트의 배경을 설명할 때와 마지막에 정리할 때만 참여해서 의사 결정을 하고 나머지는 직원이 알아서 일을 하는 열린 구조의 조직 문화가 만들어졌습니다. 리더는 가장 높은 곳에서 보고받는 사람이 아니라 처음에 일이 잘 되게끔 후원해 주고 최종적으로 더 필요한 것은 없는지 살피는 사람이라는 분위기를 만들었지요.

조직 속에 파고드는 심리학 활용 꿀팁

산업 및 조직심리학은 효율성을 중시합니다. 만약 도덕적인 것이 효율성을 높일 수 있다면 도덕성에 대해서 연구합니다. 그래서 윤리적 리더십에 대한 연구도 이루어졌지요. 사회적으로도 윤리적 리더십에 대한 관심이 많아졌습니다. 소비자들도 윤리적 리더십을 갖춘 회사의 제품을 선호하고, 직원을 괴롭히거나 대외적으로 부정부패와 비리를 많이 일으킨 회사의 제품은 싫어하게 되었어요. 앞으로 기존과 같이 경제적 수익만이 아니라 대안적으로 윤리적 가치를 추구하는 조직이 더 늘어나게 만들고 싶다면 어떻게 해야 할까요? 그 가치가 윤리적 선언에서 멈추는 게 아니라 효율적으로 수익을 만들어 낼 수 있다는 사실을 지혜로운 소비로써 증명하면 됩니다.

산업 및 조직심리학을 독자 여러분의 삶에 활용할 수 있는 소소한 지식을 더 소개해 볼게요. 입시나 취업이 걱정되나요? 그러면 심리학 공부를 해 보세요. 입시나 취업을 위한 면접 상황은 조직의 특성과 선발 목적에 따라 외부 형태는 많이 달라질 수 있지만, 기본적으로 원하는 인재를 선발하는 방법을 연구한 산업 및 조직심리학을 바탕으로 하고 있거든요. 그래서 산업 및 조직심리학 지식을 활용하면 면접에 도움이 됩니다.

자, 우선 인재 선발의 기본은 무엇일까요? 직무 능력입니다. 그런데 직무 능력을 면접 상황에서 어떻게 알 수 있을까요? 지금

과제를 주고 몇 시간 안에 일을 해내는 것으로 평가할 수 있을까요? 학교 공부와 회사의 일이 몇 시간으로 성과를 낼 순 없죠. 그래서 지원자들을 인턴으로 일하게 하는 조직도 있습니다. 아무튼 직무 능력은 자기소개서와 이력서로 확인되지 않습니다. 그래서 면접으로 확인해 보려는 거죠. 그런데 면접 시간은 길지 않습니다. 그리고 여러 후보자들이 있습니다. 그렇다면 짧은 시간에 평가자의 평가를 크게 좌우하는 것은 면접자의 호감도입니다. 그렇다고 호감 가는 연예인 같은 외모를 갖춰야 할까요? 그것보다 더 간단한 방법이 있습니다.

호감도를 높이려면 상대방의 눈을 부드럽게 바라보세요. 눈을 5초 이상 마주치면 사람은 상대방에게 친숙함을 느낍니다. 물론 적을 뚫어져라 노려보는 상황도 있습니다. 하지만 그때는 부드러운 시선이 아닙니다. 상호성 원리로 사람은 자기를 좋아해 주는 사람을 좋아하는 성향이 강합니다. 일단 면접관의 마음에 들어야 더 좋은 평가를 받겠지요? 그렇다면 여러분이 먼저 면접관의 눈을 긍정적인 시선으로 바라봐야 합니다. 상대가 여러분을 냉정하게 평가하려고 무섭게 쳐다본다고 해서 여러분도 "아, 본심을 들키지 말아야지."라며 시선을 피하면 안 됩니다. 인간의 뇌에는 '거울 뉴런'이 있습니다. 상대의 행동을 거울처럼 따라하게 하는 뇌세포입니다. 여러분이 일관되게 부드러운 시선을 보내면 상대도 부드럽게 바뀝니다. 날카로운 질문도 여러분이 잘 이해하지 못하면 한 번 더 설명해 줄 수도 있죠.

두 번째, 호감도를 높이기 위해 '미러링' 기법을 사용합니다. 앞에서 말한 거울 뉴런은 미러링과 통하는 부분이 있습니다. 미러링은 상대방의 행동과 말을 따라하는 것입니다. 단, 앵무새처럼 그대로 따라하는 게 아니라 약간 비슷하게 따라 해야 상대방이 눈치채지 못하고 무엇보다 놀림받는다는 생각이 들지 않습니다. 예로, 면접관이 말할 때 몸을 많이 쓰면 여러분도 대답할 때나 질문을 들을 때 적극적으로 몸을 쓰는 것입니다. 또 그 사람이 썼던 문장 중에서 특정 단어를 가져다가 쓰면 호감도가 증가합니다. 가장 쉬운 방법이 해당 질문을 다시 요약하는 식으로 말하기입니다.

"자신이 생각하는 장점과 단점에 대해 말해 보세요."

"네, 저의 장점과 단점에 대해서 말씀드리겠습니다."

흠, 어디서 많이 들어 본 말투지요? 휴대폰 매장에 가면 능숙한 영업 사원이 쓰는 게 바로 이러한 미러링입니다.

"뭐 사러 오셨나요?"

"○○ 스마트폰이요."

"아, ○○ 스마트폰 사러 오셨구나."

이런 식으로 세부 사항까지 이야기를 주고받다 보면 사람은 자기가 한 말을 다 기억하지 못해서 "아, 이 사람이 어떻게 내가 원하는 것을 알고 있지?"라는 생각에 속내를 더 드러내고 편하게 말하게 됩니다. 미러링은 범죄 수사에서도 많이 씁니다. 입을 굳게 다문 범죄자의 마음을 열게 할 정도로 미러링은 힘이 셉니다.

셋째, 장점과 단점에 대한 이야기입니다. 자기소개서나 면접 모두에 사용되는 공통 질문이 바로 "본인의 장점과 단점을 말해 보세요."입니다. 모범 답안은 단점도 장점으로 보이게 만들라는 것이겠지요? 맞는 말이기는 합니다. 예를 들어 볼게요.

"팀워크를 위해 제 이익을 희생해서 조직에게는 이익을 주지만 개인적으로는 힘든 상황을 자초하는 것이 저의 단점입니다. 하지만 그럴 때면 제 진심을 알아주는 팀원들이 저를 위로해서 잘 버티고 있습니다. 그래서 이 단점을 고치기가 힘듭니다."

이런 식으로 적은 자기소개서, 이런 식으로 답하는 면접자를 여러분이 평가한다고 상상해 보세요. 심지어 이렇게 모범 답안처럼 대답한 후보자가 오늘만 열 명이 넘었습니다. 좋은 평가를 내릴 수 있을까요? 자기를 미화시키려 잔머리를 굴리거나 솔직하지 못하다는 생각이 들지 않으세요? 성격심리학에서 말했듯이 불신이 가득한 사회에서 조직은 도덕적이고 겸손한 사람을 뽑으려 합니다. 조직의 이익을 위해서지요.

차라리 단점을 솔직하게 말하는 것은 어떨까요? 물론 너무 치명적인 것은 안 됩니다.

"저는 기억력이 안 좋아요."라거나 "기분 나쁘면 사람을 때려요."와 같은 것은 절대 말하지 마세요. 그저 인간적인 단점만 말하세요. 면접관도 과거에 경험했거나 지금도 그런 점이 있어서 공감할 수 있을 만한 단점 말이에요. 그리 심각하지 않아서 본인이 해당 단점을 충분히 고칠 수 있다는 말을 믿을 수 있도록 말입니다.

"저는 글을 쓸 때 썰렁한 농담을 사용하는 것이 단점입니다. 그래서 스탠드업 코미디를 보면서 잘 통하는 농담을 연습하고 있습니다. 아직 완전하지 않지만 노력하고 있으니 나아질 것이라 확신합니다."

어때요? 단점을 미화하거나 지나친 솔직함으로 치명적 단점을 드러낸 것보다 훨씬 호감이 가지 않나요? 특히, 요즘에 심리 트릭으로 널리 알려진 대로 단점을 미화해 장점으로 포장하는 답은 절대 하지 마세요. 차라리 단점을 솔직함이라는 장점으로 만들어 보세요. 그러기 위해서는 다른 심리학 지식도 필요합니다.

"당신의 장점과 단점을 말해 보세요."라는 질문을 받았을 때 꼭 질문자가 말한 단어 순서대로 말할 필요는 없습니다. 장점을 말하고 마지막에 단점을 말하면 최종 인상이 나빠집니다. 단점을 먼저 말해 솔직한 사람이라는 좋은 인상을 주고 장점으로 마무리하면 결국 최종 인상은 장점이 확실한 사람이 됩니다. 더 많은 장점이 있지만 시간 관계상 그 정도로 멈춘 것 같아 보이는 효과도 있습니다. 장점부터 말하기 시작하면 그게 사실이어도 겸손하지 않은 사람처럼 보입니다. 특히 장점을 여러 개 말한 뒤에 단점은 하나만 말하고 서둘러 끝내면 더 이상해 보이겠지요? 위의 흐름을 잘 지킨다면 열린 마음으로 여러분의 이야기를 듣던 평가자가 하나씩 펼쳐지는 장점들 가운데서 여러분의 숨겨진 장점을 더 찾을 수도 있습니다.

지갑을 열게 하는 소비자심리학

심리학과 경영학의 결합으로 태어나다

소비자심리학은 소비자의 마음을 연구하는 분야입니다. 자, 소비자의 마음은 누가 가장 궁금할까요? 기업이죠? 기업은 소비자에게 물건이나 서비스를 잘 팔아야 운영할 수 있습니다. 그렇다면 기업을 잘 운영하는 방법을 연구하는 학문은 뭘까요? 경영학이에요. 그런데 소비자 마음은 경영학만 가지고는 알 수 없지요. 기업에서 만든 광고를 사람들이 어떻게 느끼고 이해하고 판단하는지를 알려면 인지심리학의 도움을 받아야 할 것이고, 사회적 환경인 쇼핑몰에서 개인의 소비가 어떻게 달라지는지 알려면 사회심리학의 도움을 받아야 합니다. 소비자심리학은 이렇듯

인지심리학과 사회심리학과 경영학의 결합으로 태어났어요.

소비자심리는 소비자의 지갑을 열기 위한 방법을 연구하는 것이지만, 그 연구 결과를 잘 이해하면 반대로 소비자들도 지갑을 함부로 열지 않고 현명하게 소비할 수 있답니다. 그래서 요즘은 소비자도 소비자 심리에 관심이 많지요.

소비자심리가 적용된 사례를 한번 알아볼까요? 스마트폰은 왜 자주 새로운 모델이 나오는 걸까요? 기술이 정말 그렇게 빨리 발달해서일까요? 일 년에 한 번은 기본이고 신형 모델이 두 번 나오는 경우도 있습니다. 일 년에 두 번이면 차라리 좀 더 개발을 해서 더 나은 기능을 하나의 제품에 넣어 비싼 가격에 파는 편이 기업이나 소비자 모두에게 이익 아닐까요? 기업에게는 확실히 이익이 아닙니다. 기업은 한번 구매하면 오래갈 제품을 만들겠다고 말합니다. 하지만 실상은 사소한 결함 탓으로 돌려서라도 새 물건으로 바꾸고 싶게끔 만듭니다. 물론 치명적인 결함은 교환 및 환불 사항으로 넣어 고객 만족에 힘쓰지만요. 여러분 자신이나 주변 사람들의 휴대폰을 떠올려 보세요. 얼마나 자주 휴대폰 모델이 바뀌나요?

소비자는 헌 것을 싫어하고 새 것을 좋아합니다. 여러분도 헌 옷보다는 새 옷, 헌 가전제품보다는 새 가전제품을 좋아할 거예요. 기업의 고민은 여기에서 시작됩니다. 일단 팔기는 했지만 고객의 지갑을 또 열려면? 예전에 판 것을 빨리 헌 것으로 느껴지게 해야 합니다. 인간의 감각으로는 거의 느낄 수 없는 작은 기능 차이도 더 크게 느껴지도록 광고하는 거죠. 2015년 이후 출시된 스마트폰 카메라의 화소는 이미 인간의 인지 능력으로 차이를 구별할 수 없을 수준이 되었지만 여전히 화소 총수를 강조하는 광고가 등장하죠. 새 제품을 출시해서 소비자가 이전 것을 실제보다 더 헌 것으로 느끼게 만드는 '계획적 구식화 전략'을 많은 회사가 쓰고 있습니다. 자동차의 핵심인 내부의 엔진은 바꾸지 않았지만 외형을 바꿔 최신 모델로 선전하기도 하지요. 전년도에 출시된 최신 첨단 기능이 들어간 차를 바로 구식으로 만들어 버립니다. 이미 기술은 개발되어 있었지만 계속 완전히 다른 신형이 나오는 것처럼 느껴지게 하는 거예요.

정말 기능이 더 좋아져서 그런 것이라고요? 그런 측면도 있습니다. 하지만 그 기능이 전체 제품에서 차지하는 비중은 사실 크지 않습니다. 완전 새로워졌다고 광고해서 그렇게 느껴지는 거지요. 오히려 대다수의 사람들이 제품을 구매할 능력이 부족했던 시절에 만든 제품들은 더 고장이 안 나고 수명이 길었습니다. 부가 기능이 적을 뿐, 핵심 기능은 확실하게 오래갔지요. 요즘 레트로 열풍을 타고 옛날 제품을 전시하거나 직접 사용하는 카페를 가 보면 깜짝 놀랄 거예요.

"아니, 이게 아직도 돼요?"

심지어 어떤 영화에는 컴퓨터 그래픽이 아니라 실제로 예전과 같은 흑백 영상이 나오는 텔레비전이 등장하기도 합니다. 비디오 작가인 백남준의 비디오 아트에 쓰인 모니터도 여전히 작동하고 있습니다. 최근 10년 안에 만든 모니터도 기능 고장으로 쓰지 못하는데 말이지요. 처음 나일론 스타킹이 나왔을 때는 몇 년을 신은 사람도 있었습니다. 하지만 지금은 일 년은 고사하고 일회용에 가깝습니다.

현대의 과학기술로 만든 LED 전등은 오랜 수명을 자랑합니다. 하지만 1901년, 미국 캘리포니아의 리버모어 소방서에 설치된 후 2019년인 지금까지 한 번도 교환한 적이 없는 전등만큼 오래가지는 않을 겁니다. 리버모어 소방서의 전등은 초기 에디슨 전구를 조금 수정해서 만든 제품이었습니다. 1901년에는 신제품이었지요. 하지만 그로부터 백여 년이 지나 현재는 기술이 더 발달했으니 백 년 이상, 아니 그보다 더 오래가는 제품을 만들어야 하지 않을까요? 기업의 입장에서는 전혀 그럴 마음이 없습니다. 왜냐하면 계획적으로 상품을 다시 구매하게 만들어야 하니까요. 물론 몇몇 오래가는 제품은 그만큼 비싼 값에 팔아 이익을 늘리기도 합니다. 하지만 그것도 소비자가 적당히 오래갔다고 느낄 만큼만이지 그 이상으로 만들지는 않습니다. 분야마다 기술은 이미 충분합니다. 소비자의 심리를 고려한 판매 계획이 다를 뿐이지요.

기업에게는 새 제품을 만드는 기술도 중요하지만 소비자가 이전 제품을 헌 것으로 느끼게 만드는 기술도 중요합니다. 그래서 기술 개발보다 마케팅에 더 돈을 쓰는 기업이 많지요. 자신이 구매한 최근 물건이 구식으로 느껴져 새 제품으로 바꾸고 싶을 때는 이 책을 떠올리세요. 정말 핵심 기능에 변화가 있는지, 바뀐 기능을 얼마나 사용할 것인지, 그 기능 값이 실제로 새 제품 구매 금액에 해당하는지 등 이성적으로 따져 보세요. 소비자심리 연구는 소비자의 이성이 아니라 감성을 흔들 방법을 연구합니다. 그래서 감성이 아니라 이성에 힘을 실어 보면 최면처럼 빠져들었던 마케팅의 주문에서 벗어날 수 있을 거예요.

하지만 저도 압니다. 주문에서 벗어나기 힘들다는 걸. 왜냐하면 새 제품을 구매하는 것은 기능 때문만이 아니니까요. 쓰던 것을 획 집어 던지고 새 것을 샀을 때 자신에게 능력이 있는 것처럼 느껴져 자존감이 높아지고, 상황을 자기 맘대로 좌우할 수 있다는 통제감이 높아지죠. 기분이 나쁠 때 쇼핑하는 사람이 많은 것도 이런 이유 때문입니다. 또한 기분이 나쁠 때 쇼핑하면 나중에 후회할 일이 많습니다. 쇼핑은 감성이, 후회는 이성이 하는 것이니까요.

소비자심리가 만드는 마케팅

기업은 꼼꼼한 소비자를 좋아할까요? 아니면 충동구매자를 좋아할까요? 꼼꼼한 소비자를 위해 여러 자료를 내놓지만 사실 가장 좋아하는 소비자는 충동구매자입니다. 충동구매자는 자신이 필요하지 않아도 막 사니까요. 그래서 소비자심리는 충동구매 과정을 많이 연구합니다.

소비자를 충동구매하게 만들려면 어떻게 해야 할까요? 기업을 하나의 사람이라고 생각해 보세요. 차분하게 말을 걸어야 할까요? 아니면 들뜬 기분이나 충동적인 느낌으로 해야 할까요? 앞서 말한 거울 뉴런, 기억나지요? 충동적인 느낌을 줘서 소비를 전염시켜야 합니다.

"○○ 할 땐 그냥 ★★★지!"

이런 식으로요. '따질 것 없이 이거다. 이게 좋다.'고 부추기는 거죠. 제품 자체를 팔지 않고 쇼핑몰을 홍보할 때도 이 충동 전략을 씁니다.

"더워? 에어컨 사! 에어컨 살 때는 ○○마트지!"

해당 광고의 음성이 지원되는 것 같다고요? 맞아요. 그러려고 그 기업에서 광고했으니까요. 느낌표가 많을수록 여러분의 충동을 자극하는 전략이 들어가 있으니 조심해야 해요!

다른 충동 전략으로는 '부정적 감정으로 뒤흔들기'가 있습니다. 어떤 물건을 사려면 돈이 듭니다. 비용 지불은 소비자 입장에서는 손실로 느껴지지요. 물건을 사서 쓸 때 느낄 긍정적 감정을 강조해도 "이 돈을 쓰는 게 정말 이익일까?"하며 망설이기도 합니다. 그럴 때는 아예 더 큰 손실을 보여 줘서 소비자가 받을 손실을 작게 느껴지게 하는 전략을 씁니다.

"지금 타임 세일이라 5천 원 할인된 가격이지, 곧 원래 가격으로 돌아갈 거예요. 지금 사면 5천 원 벌어 가는 거예요."

어떠세요? 내 돈 내는 건 똑같은데도 지금 사지 않으면 손해인 것처럼 느껴지죠? "○시까지 세일합니다."라는 시간 제한, "○○개 한정 상품"의 수량 제한 문구로 소비자의 가슴을 뛰게 하는 긴박함과 불안감을 조장합니다. 가슴이 뛰는 게 바로 충동이니까요. 기업이 소비자심리를 몰랐다면 그냥 항상 싸게 파는 것으로 이익을 추구했을 것입니다. 하지만 구매를 하지 않았을 때의 부정적인 정서를 떠올리게 해서 지갑을 열게 하는 방법을 알았으니 그럴 필요가 없지요.

지금까지의 소비자심리 연구 내용을 보면 소비자가 너무 충동적인 것처럼 느껴질 거예요. 정확히 말하자면, 소비자가 충동적인 면도 있지만 충동적이 되게끔 만들기 위한 연구라서 그렇습니다. 소비자에게는 차분한 면도 있어요. 가격을 꼼꼼하게 따지면서 지켜보는 마음도 있지요. 소비자심리는 그 마음까지 연구합니다. 꼼꼼한 사람에게는 계산을 했을 때 이익이 되는 대안을 보여 주면 됩니다.

휴대폰을 예로 들어 볼게요. 청소년 요금제와 청소년용 휴대폰은 좀 더 쌉니다. 이익을 추구하는 기업이 "아, 코 묻은 청소년의 돈까지 박박 긁어모아야 하나?"하는 성찰을 하면서 인심을 쓰는 것이 아닙니다. 청소년에게 낮은 가격으로 서비스와 제품을 제안하면 구매할 확률이 높아지기 때문입니다. 성인 요금과 똑같으면 보호자도 부담이 되어 구매 자체가 일어나지 않아요. 자, 일단 낮은 가격으로 휴대폰을 구매하고 나면 이제 요금제에 가입해야겠죠? 처음부터 4만 원짜리 요금제를 쓰라고 하면 부담을 가졌을 소비자가 2만 원대 요금제에서 시작해서 3만 원짜리로 바꾸고, 조금 더 써서 4만 원짜리로 바꾸는 길에 들어서게 됩니다. 일단 싼 가격만 보고 가입했을 땐 몰랐던 사항들이 그제야 눈에 들어옵니다. 하지만 구매하기 전에 예상했던 것과 실제 경험은 다를 수밖에 없습니다. 청소년 요금제에는 여러 제약 사항이 있어서 사용하는 데 답답하게 만들어져 있습니다. 결국 소비자는 요금제를 위로 올리도록 유도하는 전략에 굴복하게 되죠. 게다가 더 적극적으로 나서지 않아도 청소년은 곧 성인이 됩니다. 요금제를 바꾸지 않아도 느긋하게 기다리면 돈을 더 줄 고객이 됩니다. 기업은 성인처럼 이미 구매 문턱을 넘은 집안의 토끼보다는 청소년과 같이 아직 구매하지 않은 집 밖의 토끼를 잡아 오는 것에 더 집중해 전략을 짭니다.

이런 전략에 반발하는 소비자가 많다 보니 기존 고객에 대한 서비스도 늘어나지만 경쟁사로부터 이전하는 고객이나 최초 가입 고객에 주는 서비스에 비해서는 질이 떨어지죠. 기업은 일단 자사 제품과 서비스에 발을 들여놓게 하는 것에 힘을 씁니다. 발을 들여놓으면 나가는 것을 귀찮게 해서 묶어 둡니다. 아무리 비판을 받아도 확실하게 이익을 볼 수 있는 전략을 포기하기는 쉽지 않지요.

가격을 꼼꼼하게 잘 따지는 소비자를 공략하는 기업의 또 다른 전략으로는 '닻 내리기 효과'가 있습니다. 앵커 효과라고도 부릅니다. 앵커는 배가 정박할 때 내리는 닻입니다. 쇼핑몰에 가면 원래 가격을 X표시로 지우고 할인된 가격을 적은 경우를 볼 수 있습니다. 가격이 바뀌었으면 그냥 최종 가격만 쓰는 게 미관상 더 좋지 않나요? 하지만 소비자심리 연구에서는 원래 가격을 써 놓아야 그 가격에 소비자의 마음이 닻을 내려서 더 많이 할인된 가격처럼 보이는 착각을 일으킨다는 사실을 알아냈습니다. 그냥 '최종 가격 3만 원'이라고 하면 좀 비싸다 싶은 것도 '원래 가격 30만 원의 90퍼센트 세일가'라고 적어 놓으면 그 제품이 싸게 느껴지니까요.

광고 속의 심리학

여러분이 좋아하는 광고를 떠올려 보세요. 이미지가 많나요, 글자가 많나요? 글자로 포인트를 줘도 대부분은 이미지입니다. 인간은 시각적 이미지에 더 마음을 빼앗기니까요. 그리고 기억도 더 잘 납니다. 교과서의 글자로 된 내용과 사진 자료 중에서 여러분은 사진을 더 많이 기억할 거예요. 소비자심리 연구는 이 점을 놓치지 않고 광고에 활용하고 있습니다.

광고에는 많은 이미지가 사용됩니다. 그런데 잘 보면 그 이미지의 색깔이 저마다 다릅니다. 해당 기업의 로고 색깔도 다르지요. Samsung, Twitter, Facebook 등은 왜 굳이 파란색을 쓰는 걸까요? 심리학 연구에 따르면 파란색은 신뢰감, 상쾌함을 주기 때문입니다. 흰색은 공허, 순수성과 빛나는 느낌을 줍니다. 노란색은 공감, 외향성, 빛, 기쁨, 생기와 젊음을 전달하고요. 빨간색은 강함, 힘, 활기를 전달하고 초록색은 희망과 자연의 상징이라 편안함을 느끼게 하지요. 각 색깔마다 소비자가 느끼는 감정이 다르니 기업이 내보이고 싶은 이미지를 색깔로도 표현합니다. 광고 속의 전반적인 색깔 배치도 그 이미지를 따르고 있죠.

잠깐만요. 광고라고 했을 때 여러분은 무엇을 떠올리나요? 잡지, 신문, 라디오, 텔레비전, 인터넷 기업 광고가 생각나나요? 우리가 일상적으로 접하는 SNS 인플루언서나 연예인의 언급, 사용자 후기, 백화점에 진열된 제품, 쇼핑몰 사진 등이 모두 광고입니다. 즉, 기업이 만든 제품과 서비스에 마음이 흔들리게 만드는 모든 수단이 광고인 거예요.

그렇다면 기업은 광고로 사람들의 마음을 어떻게 뒤흔들까요? 첫째, 반복 노출입니다. 반복적으로 소비자에게 자신의 제품을 노출시키면 친숙해집니다. 친숙해지면 편안해집니다. 편안해지면 굳이 비판적으로 생각하며 마음의 평화를 깨뜨리지 않으려 합니다. 비판적으로 생각하지 않으면 해당 기업 광고대로 믿게 됩니다. 믿으면? 사게 됩니다. 바로 이 점을 알고 있는 기업이 많습니다. 그래서 저걸 대체 누가 볼까, 누가 기억할까 싶은 곳에 광고판이 있고 경기에 몰입할 관람객이 오는 운동 경기장에도 각 기업들의 이름이나 제품명이 빼곡하게 적혀 있습니다. 반복 노출은 세뇌의 효과가 있습니다. 그래서 아예 '세뇌 전략'이라고 부르기도 합니다. 세뇌라는 단어 자체는 무섭지만 사실 정확한 표현입니다. 이성적 판단을 할 가능성을 씻어 버리고 누군가 원하는 것을 깨끗하게 심을 수 있으니까요.

둘째, 투영입니다. 구체적인 제품의 기능을 설명하지 않습니다. 그냥 소비자가 꿈꾸는 이상적 삶을 사는 이미지를 가진 모델이 나와서 그 제품을 사용하는 모습을 보여 주면 됩니다. 소비자가 모델 대신 자신의 이상을 그 제품에 투영할 것이니까요. 의류 광고인데도 신축성이나 촉감에 대해 이야기하지 않고 남녀 모델이 커플룩으로 입고 여행을 가는 장면을 광고로 만들며 노린 것도 투영입니다. 자동차 광고를 생각해 보세요. 차로 달리다가 멈춘 해외의 멋진 장소에서 모델이 차에 멋지게 기대어 석양을 보거나, 도심을 질주하는 차를 거리의 사람들이 부러운 눈길로 쳐다보는 장면을 넣지요. 국내에서는 교통 체증 때문에 질주할 수도 없는 것이 현실이지요. 하지만 현실성은 중요하지 않습니다. 소비자는 이상을 투영하니까요. 그리고 현실보다 이상을 더 좋아합니다.

셋째, 비교와 대조를 통한 설득입니다. 이 설득은 객관적이거나 종합적이지 않습니다. 도리어 자신의 약점에 해당하는 것을 비교표로 보여 줘서 설득하는 경우도 있습니다.

"보셨죠? 다른 경쟁사도 이 성분을 쓰고 있어요. 유해하다면 왜 같은 업종에 있는 기업들이 모두 쓰겠어요."

가습기 살균제처럼 제품 성분의 유해 논란이 있어도 해당 성분을 검증하는 것이 아니라 이런 광고로 비판을 막기도 했죠. 그러면서 자사 제품의 장점은 경쟁사와 대조하며 부각시킵니다. "에어컨이 빵빵한 자동차", 물론 좋은 기능입니다. 하지만 봄이나 가을, 겨울에는 거의 쓸 일이 없는 기능을 자동차의 핵심 기능이라고 하기는 힘들죠. 실제로 안전성, 속도 면에서 평가가 안 좋았던 국내 자동차 회사가 썼던 광고 방법입니다. 자동차의 핵심 기술 개발력이 안 되니 에어컨 회사의 기술을 가져다가 차의 일부에 적용한 것을 마치 자동차 전체의 성능 향상인 것처럼 선전해서 효과를 보았습니다.

"에어컨을 빵빵하게 만들 정도면 다른 것도 잘 만들었겠지."

이런 소비자의 반응을 노린 것이지요. 설령 그 정도까지는 아니더라도 다른 약점을 더 생각할 가능성은 확실히 차단했습니다. 이것도 앞서 인지심리학을 살펴볼 때 의사의 오진 사례에서 설명한 가용성 간편 추론법 효과이지요.

최근에는 소비자를 설득하기 위해 SNS를 적극 활용합니다. 일명 '입소문 마케팅' 즉, '바이럴 마케팅'이죠. 사람은 다른 사람의 의견에 많이 좌우됩니다. 애시의 동조 압력 실험 기억하지요? 모르는 사람들이 쓴 후기를 보고 소비자는 제품을 구매합니다. 다른 소비자들이 전문가여서가 아닙니다. 전문가가 아니기에 더 마음이 흔들립니다. 그래서 때로는 기업에서 먼저 체험단을 모집한 다음에 후기를 쓰게 합니다. 전문 마케팅 기업을 고용해서 후기를 만들어 내기도 하지요. 인터넷에서 소문난 맛집의 경우에도 막상 가서 맛보면 후기에 나온 맛과 다른 경우가 많죠. 업체에서 의뢰받은 전문 작성자들이 있기 때문입니다. 기업의 소식을 알리는 광고에도 입소문 마케팅이 될 요소를 넣습니다. 자극적인 제목으로 일단 클릭하게 만들어요. 이상한 요소를 넣어서 궁금증을 유발시키기도 하고 일부러 사람들이 논란거리로 삼을 만한 것도 넣습니다. 심지어 '노이즈 마케팅'이라고 해서 부정적인 사안까지도 다룹니다. 중요한 것은 일단 관심을 끄는 것이니까요.

물론 광고로 관심을 끌었다고 해서 모두 구매와 연결되지는 않아요. 제품은 인지하지 못하고 오로지 광고 내용 자체에만 관심을 가질 수도 있으니까요. 그래서 기업에서는 제품 이름이 아니라 광고에 나온 내용으로 마케팅을 하기도 합니다. "김연○폰", "박○겸 옷", 이런 식으로요. 광고는 나쁜 게 아닙니다. 좋은 제품을 좋게 알리는 것은 좋은 광고입니다. 하지만 안 좋은 제품을 좋게 알리는 것은 광고가 아닌 사기에 가까우니 나쁜 광고입니다. 나쁜 광고가 아닌 좋은 광고를 하는 기업을 소비자가 지지해야 기업도 좋아지고 소비자의 삶도 좋아지고 나아가 사회도 좋아집니다. 일반인이 소비자심리 연구에 관심을 가져야 하는 이유도 여기에 있습니다.

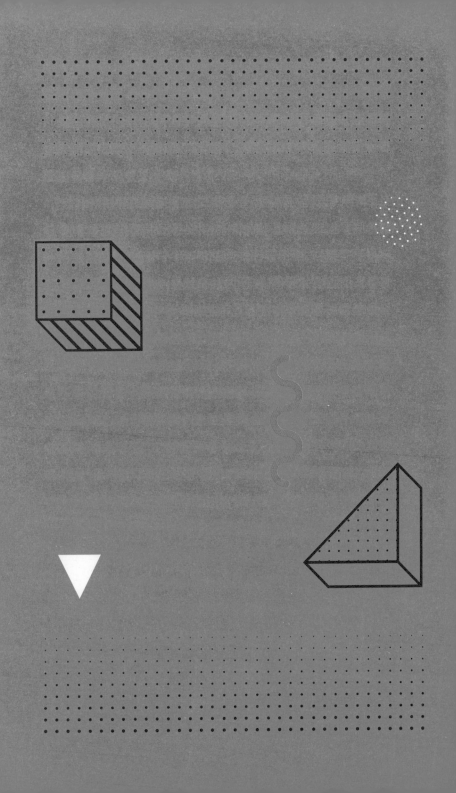

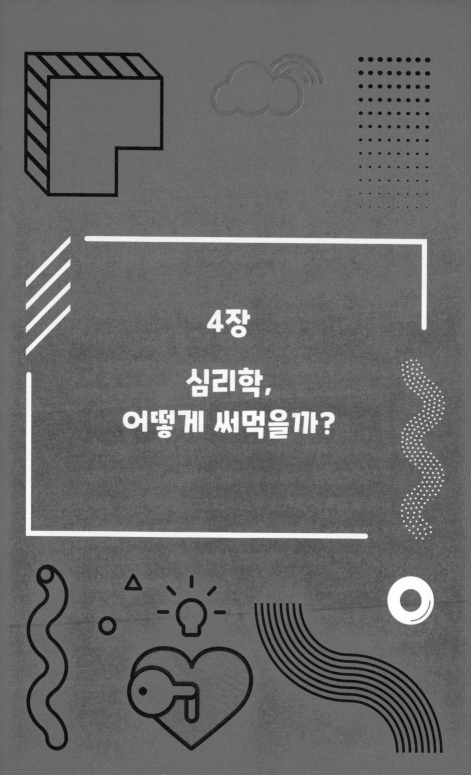

4장

심리학,
어떻게 써먹을까?

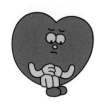

생활을 바꾸고
싶을 때, 심리학

지금까지 심리학 각 분야에서 어떤 주요 연구가 있었고 어떻게 응용되어 왔는지를 살펴보았어요. 이제는 심리학이 청소년 개인 생활에 어떻게 응용될 수 있는지를 살펴볼까 해요.

저도 심리학을 저 자신의 문제를 해결하기 위해서 공부했다고 했잖아요? 같은 심리학 이론도 자기와 연관지어 생각하면 더 이해가 잘되고 나중에 기억도 잘 나요. 이것을 심리학에서는 '자기 참조 효과'라고 해요.

저는 그동안의 상담 경험을 바탕으로 청소년이 집, 학교, 사회에서 겪을 고민이 무엇인지 생각해 봤어요. 그중에서 대부분의 청소년들이 공감할 만한 개인 생활과 관련된 주제들을 이번

장에 따로 모았어요. 일을 잘 미루는 이유, 시험만 보면 불안에 떠는 이유 등과 같은 주제이지요. 이번 장에 소개하는 주제들을 통해서 심리학도 더 잘 이해하고 개인적 문제도 해결하는 일석이조의 효과가 있기를 바랍니다.

할 일을 잘 미루는 이유는 무엇일까?

할 일을 잘 미루는 이유를 그저 '성격 탓'이라고 할 수도 있습니다. 하지만 심리학은 그런 성격이 왜 나오는지에 대한 이유를 한 번 더 생각해 봅니다. 이유를 소개하기 전에 질문 하나 할게요. 인간은 이성의 동물이라고 합니다. 감성의 동물이라고도 하지요. 자, 그러면 이성이 셀까요? 감성이 셀까요?

사람들은 어떤 일을 꼭 해야겠다고 '생각'합니다. 그런데 막상 생활을 하다 보면 귀찮거나 힘들거나 재미없다는 '느낌'을 받아 할 일을 미루게 됩니다. 즉, 미루기는 그 일에 대한 감정적 반응인 것이죠. 미루는 습관이 있는 사람들은 불편한 감정을 불러오는 일은 피하고 기분 좋은 활동을 하려고 합니다. 당장은 이것이 자신의 감정에 더 좋은 선택이니까요. 심리학자들은 이것을 '기분 회복'이라는 용어로 설명합니다.

행동 경제학자와 심리학자들은 인간에게 '현재 선호' 성향이 있다고 말합니다. 즉, 미래의 가치는 아직 정보가 부족해 쉽게 계산할 수 없으니 일단 얕잡아 보고 현재 경험할 수 있고 계산할 수 있는 가치를 더 높게 평가하는 성향이 있다는 것이죠.

그러나 시간이 지나면 할 일을 미뤘다는 사실 때문에 기분이 나빠집니다. 그래서 더 큰 결심을 하게 되죠. 그러면 어떻게 될까요? 감정적으로는 아직 준비가 되지 않았으니 더욱 무리한 일처럼 느껴집니다. 그만큼 실행할 가능성이 점점 줄어들죠. 심지어 스스로 미룰 것을 예상해서 기한을 넉넉하게 잡아도 마찬가지입니다. 감정이 생각을 이기는 것은 변하지 않으니까요.

진화적으로 '느낌' 즉, '감성'이 먼저 형성됐습니다. '생각' 즉, '이성'은 나중에 형성됐죠. 어두운 밤, 원시인이 숲에 들어가기 전에 두렵다는 느낌이 들어 발걸음을 휙 돌리는 장면은 쉽게 상상이 됩니다. 하지만 데이터를 종합해 숲속에 맹수가 있을 확률을 이성적으로 분석하는 장면은 낯설죠?

진화적으로 먼저 형성돼 뇌의 뿌리에서부터 영향을 미치는 감성은 힘이 셉니다. 이성보다 먼저 작동하고 더 강력한 효과를 나타내죠. 앞서 인지심리학에서 등장했던 대니얼 카너먼 박사가 밝힌 것처럼요. 카너먼 박사는 사람들에게 똑같은 제품을 놓고 하나에는 '90퍼센트 무지방', 다른 하나에는 '지방 10퍼센트 함유'라고 다르게 표시한 뒤 하나를 선택하라고 했습니다. 그러자 대부분의 사람들이 '90퍼센트 무지방'이 적힌 식품을 선택했습니다. 사실 이성적으로 찬찬히 따져 보면 '90퍼센트 무지방'이라는 말은 '지방 10퍼센트 함유'를 다르게 표현한 것에 지나지 않은데도 말이죠.

이처럼 이성보다 감성의 힘이 세다면 사람마다 미루는 성향이 다른 이유는 무엇일까요? 그 비밀은 2018년에 독일 보훔 루르 대학의 카롤리네 슐루터 생물심리학 교수 연구팀에 의해 밝혀졌습니다. 연구 대상자들에게 자신이 할 일을 마무리 짓는 성격인지, 아니면 미루는 버릇이 있는지를 판단하는 검사를 진행한 후 MRI로 뇌 여러 부위의 크기를 측정했어요. 그랬더니 할 일을 미루는 습관이 있는 사람은 편도체가 보통 사람들보다 크다는 연구 결과가 나온 것입니다. 감정을 처리하는 데 중요한 역할을 하는 편도체의 크기가 크면 어떤 행동이 가져올 부정적인 결과에 큰 불안을 느끼게 되는데, 이로 인해 행동을 주저하고 실행을 미룰 확률이 높아진다는 것이죠. '아, 1시간 뒤에는 계획한 대로 공부를 해야 하는데, 그때가 되면 막 짜증이 날 거야. 벌써부터 짜증이 나네. 잠깐 게임하면서 기분을 풀어야지.' 이렇게 말입니다.

뇌의 문제라니, 그럼 미루는 습관이 있는 사람은 뇌를 바꾸지 않는 한 문제를 해결할 가능성이 없는 것일까요? 하지만 다른 사람보다 감성적인 것에 민감한 뇌를 갖고 있다는 것이 오히려 기회가 될 수 있습니다. 만약 미루는 것이 옳지 않다는 이성적 판단보다 지긋지긋하다는 감정이 더 강해지면 어떨까요? 미루면 좋지 않다고 머리로 '생각했던' 일들을 가슴으로 '느끼게' 하는 게 중요합니다. 가슴으로 느끼기 위해서는 뭉뚱그려서 '일'이라고 여겼던 것들을 더 작은 단위로 나눠 조금씩 성취하는 즐거움을 가지는 게 좋습니다. '매일 꾸준히 수학 공부'가 아니라 '일단 3페이지 보기'식으로 말이지요.

일을 하지 않고 편하게 지내고 싶은 마음만 감정이 아닙니다. 미루는 불쾌함을 더 이상 느끼고 싶지 않다는 것도 감정입니다. 어떤 사람은 일을 통해 성취의 기쁨을 누리고 싶어 합니다. 그런 사람은 할 일을 미루지 않겠죠. 이렇듯 일을 미루는 사람이나 그렇지 않은 사람 모두 감성의 영향력 안에 있습니다. 남들보다 일을 더 잘 미루는 사람의 경우에 뇌 구조상 감정의 영향력이 더 클 수 있는데도 억지로 스스로를 이성적으로 설득시키려 한 것이 문제를 더 악화시켰던 것이죠.

새해, 새 학기처럼 새로운 분위기가 조성되면 많은 사람들이 뭔가를 꼭 해야겠다고 결심합니다. 그러나 작심삼일로 끝나는 경우가 많죠. 이것 역시 감정이 아닌 이성의 단계에 멈춰 있을 때 계획을 했기 때문입니다. 이성적으로 좋다고 생각한 일들로 계획을 세우면 미룰 확률이 더 높아집니다. 그러니 이번 새해부터는 계획을 세울 때 자신의 감정에 맞는 것을 찾아보세요. 그 일을 실행했을 때 미래에 얻게 될 가치를 더 크게 느껴 보는 거죠. 그리고 그 느낌을 따라 조금씩 실행에 옮겨 보세요. 그러면 여러분도 미루기의 늪에서 탈출할 수 있을 거예요.

시험이라는 말만 들어도 불안하다면

불안은 꼭 없어져야 하는 '절대 악' 같지요? 하지만 불안은

'필요악'입니다. 불안은 외부 상황에 대한 긴장을 유발시켜 일을 집중해서 처리할 수 있게 하거든요. 시험을 볼 때도 적당한 불안과 긴장은 집중력을 높여서 도움이 됩니다. 너무 몸이 노곤하거나 다 잘될 거라고 방심한 상태로 시험을 봤을 때 결과가 좋지 않은 것도 불안이 사라지며 집중력까지 없어졌기 때문입니다.

하지만 불안이 너무 심한 경우에는 호흡곤란, 두통, 위통 등의 증상으로 고생하게 됩니다. 불안이 신체적으로 나타나니 걱정이 커지고 외부 상황에 대처해야 하는데 내부의 부정적 상황까지 통제해야 하니 뇌의 에너지가 분산됩니다. 그래서 걱정했던 것처럼 시험에서 실수하고 망치는 등의 결과를 얻게 됩니다. 그 결과 때문에 다음에 미리부터 불안하고 결과도 더 나빠집니다. 그래서 더 불안해지는 악순환이 벌어져요. 이런 현상을 심리학에서는 '시험 불안'이라고 합니다. 시험 불안은 다양한 원인으로 나타납니다. 가족들의 과도한 기대에 대한 부담, 시험과 관련해서 좋지 않았던 경험, 준비 부족 등에 의한 낮은 자기 효능감, 실수했을 때 그 실수가 불러올 결과에 대한 과도한 걱정 등이 원인이 될 수 있습니다.

여기서 잠깐, 자기 효능감이 뭘까요? 자기 효능감은 '자신이 잘 해낼 수 있다는 믿음'입니다. 즉, 능력 자체가 아니라 능력이 있다는 믿음입니다. 앨버트 반두라 박사는 잘 해낼 수 있다고 믿으면 실제로 잘 해내는 경우를 통해 자기 효능감의 영향력을 밝히기도 했습니다. 자기 효능감이 낮다면? 시험에서 잘 해낼 것이라는 믿음이 아니라 실패할 거라는 걱정에 휩싸이겠지요. 불안에서 벗어나려고 게임이나 다른 중독될 만한 것을 찾는 경우도 있습니다. 하지만 그것은 또 다른 문제를 만드는 것이고 무엇보다 시험에 대한 불안, 그 자체를 해결하지 못하니 지양해야 합니다.

불안은 필요하지만 너무 많으면 문제가 됩니다. 그리고 누구나 어느 정도의 불안은 갖고 있습니다. 하지만 시험 불안에 빠지면 오로지 자신만이 불안한 것 같습니다. 시험지를 받았을 때 예상치 못한 문제가 나오면 어떨까요? 눈앞이 캄캄해지고 아무것도 떠오르지 않는 것은 다른 학생도 마찬가지예요. 하지만 시험 불안에 빠지면 다른 학생도 마찬가지로 힘들어 할 수 있다고 생각하기보다는 남들보다 못할 것 같다는 걱정에 휩싸여 안절부절못합니다. 같은 문제를 계속 보고, 그래도 눈에 글자가 안 들어오고, 생각과 다르게 답안지를 작성하고, 손톱을 물어뜯거나 머리카락을 만지작거리는 등 불필요한 동작이나 과잉 행동을 하면서 시험에 집중하지 못합니다.

시험 불안에서 벗어나는 대표적인 방법으로 인지 치료자인 아론 벡이 만든 불안 대처 전략 'AWARE'이 있습니다. 차례대로 알아볼까요?

• 불안 수용하기Accept your anxiety

시험을 볼 때 숨이 더 가빠지는 등의 신체 증상은 외부 위험에 대처하기 위해 자연스럽게 보이는 반응임을 인정하라는 것입니다. 즉, 병적인 것이 아니라 정상 반응임을 인식하자는 것이에요.

• 불안 관찰하기 Watch your anxiety

자신의 불안 증상을 관찰해 보면 불안이 생겨나고 커지다가 다시 잦아드는 것을 확인할 수 있습니다. 불안할 때도, 불안하지 않을 때에도 자기는 존재합니다. 바다에 파도가 심하게 친다 해도 그 파도 자체가 바다는 아닙니다. 그렇듯이 불안은 일시적 반응일 뿐이고 자기 자신은 계속 안전하게 있음을 확인합니다. 그리고 불안이 결국 사라진다는 것도 확인합니다. 그래서 불안이 다가왔을 때 더 걱정하는 게 아니라 곧 사라질 것이라고 좀 더 느긋한 마음을 갖게 합니다.

시카고 대학의 시안 베일록 교수는 글쓰기가 불안 관찰에 가장 효과적이라고 주장합니다. 평소에 혹은 적어도 시험 10분 전이라도 시험에 대한 부정적 생각과 걱정을 최대한 솔직하게 작성하면 불안이 줄어서 시험 성적이 눈에 띄게 나아진다는 사실을 베일록 박사는 학생들이 가장 힘들게 느끼는 수학 시험을 소재로 한 실험으로 증명했습니다.

• 불안과 함께 행동하기 Act with your anxiety

불안하면 불안한 대로 시험을 잘 보기 위해 목표한 행동을 실천하려고 노력하라는 것입니다. 시험 불안에 빠지면 '아, 또 망쳤다'라면서 쉽게 포기합니다. 이미 말했듯이 불안은 일시적 반응이기에 실패에 대한 걱정을 계속 키우지 않는 한 사라지게 됩니다. 정상적 반응인 불안을 가진 상태에서 힘들더라도 시험을 보기 위해 노력하면 걱정에 쓰일 부정적 에너지가 문제 풀이로 옮겨 가서 결국 불안과 걱정이 줄어들게 됩니다. 심호흡하면서 긍정적인 에너지를 모으거나 다른 기분 좋은 생각을 하며 불안이 마음 전체를 차지하지 않게 해야 합니다.

• 반복하기|Repeat the steps

반복하면 더 능숙해지고 더 잘하게 됩니다. 처음에 낯선 곳을 갈 때는 헤매지만 계속 가면 눈감고도 갈 수 있는 것처럼요. 그러니 앞의 세 단계를 여러 번 반복해 보세요.

• 최상의 것 예상하기|Expect the best

상상은 제한이 없습니다. 부정적인 실패에 대한 상상도 한계가 없습니다. 하지만 그런 상상이 실제로 일어나는 경우는 극히 드뭅니다. 그래도 시험 불안에 휩싸여 계속 최악을 상상하면 그게 마치 현실에서 자주 일어나는 일처럼 느껴집니다. 이왕이면 최악이 아닌 최상의 성공을 하는 상상을 해 보면 어떨까요? 어떤 문제에서 실수를 해도 그 문제에만 그치고 결국에는 좋은 결과를 얻게 되는 상상을 해 보면 불안이 줄게 되어 있습니다.

이 밖에 취미를 찾는 것도 좋습니다. 취미 생활을 하며 긴장을 풀 수 있고, 공부가 아닌 부담 없는 분야에서 자신이 잘 해낼 수 있다는 자기 효능감을 키울 수 있지요. 그것이 결국 공부와 시험에 대한 자기 효능감으로 이어질 수 있으니까요. 시험 불안은 평소에 시험에 대한 준비를 잘하면 줄어듭니다. 규칙적으로 공부를 해 보세요. 많이 하라는 게 아닙니다. 규칙적으로 해서 자신이 꾸준히 준비하고 있다고 인정하도록 만드세요. 불안감이 들 때 속으로 "나는 이미 계속 준비하고 있다."라고 말하면 덜 흔들리게 됩니다. 이게 대체 무슨 효과가 있을까 싶지요? 하지만 아주 효과가 높습니다. 시험 불안은 '결과'에 집중해서 미리 걱정을 하는 것인데 마음을 '과정'에 집중하게 해서 불안이 싹틀 요소를 줄이는 것이니까요.

단, 공부를 왕창 해서 불안을 줄이겠다며 잠을 자지 않거나 각성제를 복용하지는 마세요. 그러면 지쳐서 불안이 마구 커질 때 누를 힘조차 남아 있지 않게 됩니다. 무리하지 말고 꾸준하게 해 가면서 충분한 영양 섭취와 함께 건강을 유지해야 합니다. 학문적으로 불안은 '긴장하거나 흥분해 아드레날린이 분비된 결과 뇌에 에너지 공급이 떨어져 일어나는 현상'으로도 정의된다는 것을 기억하세요. 몸에 에너지가 있어야 마음도 건강해지고 불안에도 대처할 수 있습니다. 긴장을 이완시키는 복식 호흡법으로 금세 불안 해소의 효과를 얻을 수 있는 것도 이 때문입니다.

똑같은 실수를 반복해서 기운이 빠지는 사람이라면

사람들은 살아가면서 수많은 선택을 합니다. 어떤 옷을 입을지, 어떤 것을 먹을지, 어떤 말을 할지 등과 같은 사소한 일상뿐만 아니라 어느 학교나 학원을 갈지, 어떤 친구를 사귈지 등과 같이 삶의 방향을 바꿀 수 있는 선택을 합니다. 그런데 그 선택 중에는 원하는 만족을 얻지 못하는 경우도 있지요. 그럴 때 사람들은 "실수했다."고 말합니다. 인간은 완벽하지 않고 세상에는 수많은 변수들이 있어서 원하는 목표를 이루는 것 자체가 힘드니 실수하는 것은 당연하지요. 실수 자체보다는 실수를 어떻게 받아들이느냐가 심리학적으로는 더 큰 문제입니다.

똑같은 실수를 반복하는 경우부터 살펴볼까요? 많은 사람들이 여러 문제에서 똑같은 실수를 저질렀다고 말하곤 합니다. 믿었던 친구에게 배신당해서 더 좋은 친구를 사귀려 했는데 결국 똑같은 결과를 얻고, 학원도 다른 친구가 좋다고 해서 선택했는데 시간과 돈만 낭비하고, 준비물을 잊지 말자고 다짐하지만 매번 빼놓고 학교에 가는 식으로요. 자, 어떤가요? 정말 똑같은 실수를 반복하는 것일까요? 아니면 똑같은 실수를 반복한다고 '생각'하는 것일까요?

원하는 결과를 얻지 못한 것은 맞습니다. 하지만 매번 똑같은 친구나 학원, 준비물로 실수하는 것은 아니지요? 이번에는 지난번과 달리 실수를 덜 하려고 새로운 친구와 학원, 준비물 챙기는 방법에 도전한 것 아닌가요? 하지만 결과만 놓고서 매번 똑같이 실수한다고 여기고 넘어가니 실제로도 실수를 반복할 확률이 높아집니다. 즉, 똑같은 실수를 반복한다고 생각하면 정말 똑같은 실수를 반복하게 됩니다.

자기가 어차피 '똑같은 실수'를 하는 사람이라고 생각하면 새롭게 도전할 때 힘이 생기지 않겠지요? 힘이 없으니 새로운 상황의 조건을 꼼꼼히 따져가며 도전하기도 힘듭니다. 제대로 도전하지 않으면 결과도 좋을 수 없는 것은 당연해요. 결과가 좋지 않으니 자신을 '똑같이 실수'하는 사람이라고 더 믿게 되어 무기력에 빠지는 악순환이 생깁니다.

미국의 심리학자 마틴 셀리그만 박사는 '학습된 무기력'을 연구했습니다. 무기력은 실제로 힘이 없어서 생기는 게 아니라 자신이 힘이 없다고 생각할 때 만들어진다는 사실을 실험으로 밝혀냈습니다.

셀리그만 박사는 실험실에서 처음에는 강아지에게 장애물 벽 너머에 있는 음식을 직접 가서 먹도록 했습니다. 그리고 강아지를 끈으로 묶었습니다. 강아지가 벽 너머에 있는 음식 냄새를 맡고 가려고 끈을 당길 때마다 자동적으로 찌릿한 충격을 받도록 장치를 만들었습니다. 처음에는 충격을 받아도 끈을 당겼던 강아지는 곧 끈을 당기려 하지 않고 제자리에 있었습니다. 아무런 도전도 하지 않으려 했지요. 실험자가 끈을 풀어 주고 벽 너머로 데리고 가서 음식을 보여 줘도 끈이 있던 자리로 돌아가려고 낑낑거리기까지 했습니다. 실험 초기에 활기차게 먹었던 그 음식이었는데도 말이지요. 그리고 이제는 끈이 풀려 자기 힘으로 충분히 목표를 달성할 수 있는데도 지레 포기했지요. 셀리그만 박사는 이 실험 결과를 놓고 사람들을 더 연구했습니다. 그 결과, 반복되는 경험으로 아무리 해도 결과를 바꿀 수가 없다고 생각할 때 사람은 무기력에 빠진다는 '학습된 무기력' 이론을 만들었습니다.

무기력은 학습됩니다. 원래부터 힘이 부족해서 무기력한 게 아니라 반복되는 경험으로 포기하면 무기력해집니다. 새로운 도전이 두렵고 어쩌다 한 도전의 결과에 더 좌절하게 됩니다. 그리고 "역시 난 안 되는 거였어."라고 자책하게 됩니다. 사실은 실수를 했어도 시행착오의 교훈을 얻어 다른 상황 조건에서 또 도전할 때 성공할 수 있는 것인데도요.

재미있게도 셀리그만 박사는 '학습된 낙천성'도 연구했습니다. 학습된 무기력과 학습된 낙천성 이론을 합친 모델을 만들기도 했습니다. 셀리그만 박사는 원래부터 능력 있고 실수하지 않아서 긍정적이 되는 것이 아니라, 실수를 해도 거기에서 교훈을 얻었으니 의미 있는 도전이었다고 여기며 계속 도전해서 결국 긍정적이고 만족할 만한 결과를 얻어 내는 경우가 많다는 사실을 밝혀냈습니다. 무기력이 학습되듯이 긍정적 마음도 학습이 됩니다. 실수를 하느냐 마느냐가 아니라 그 실수를 어떻게 받아들여서 도전을 계속 하느냐가 행복과 불행을 가르는 중요한 변수가 됩니다.

보통 우리가 실수하는 경우를 다시 살펴볼까요? 꼼꼼하게 분석하면 경우가 모두 다릅니다. 준비물을 예로 들어 볼게요. 예전에는 휴대폰 알람 기능만 믿었다가 소리를 제대로 듣지 못해서 준비물을 까먹었어요. 그런데 이번에는 절대 잊어버리지 말자고 미리 다른 가방에 잘 넣어 두었는데 그만 그 가방 자체를 잊어버렸다면요? '똑같은 실수'가 아니라 실수를 했어도 구체적 조건이 다릅니다. 그저 '준비물을 매번 똑같이 잊어버리는 것'이 아니라 '매번 다른 방식으로 잊어버리는 것'이라고 생각하는 게 중요합니다. 그 방식들을 분석하면 새로운 문제해결 방법이 나오고 계속 도전하는 자기 자신의 긍정적 이미지를 잃지 않아서 무기력에서 탈출할 수도 있으니까요.

그럼 휴대폰 알람 소리를 잘 듣지 못해서 준비물 챙기는 걸 잊어버렸다면 앞으로 어떻게 해야 할까요? 가족이나 친구에게 부탁해 도움을 받거나 아예 사서 선생님 등 학교의 특정 장소에 물건을 놓아둘 수 있는 분에게 특별히 도움을 요청해서 준비물을 맡겨 두는 식으로 새로운 도전을 할 수도 있지요. 그것마저도 실패한다면 또 다른 방식으로 도전하면 됩니다. 매번 똑같은 문제에 도전하는 게 아니라 매번 새로운 조건에 도전한다는 사실을 잊지 않으면 실수해도 후회와 우울감에 빠지지 않습니다. 다음에는 또 실수하면 어떨까 하는 두려움도 사라집니다.

걸음마를 배우는 어린아이는 다른 사람 눈에 매번 중심을 못

잡고 넘어지는 것처럼 보입니다. 하지만 본인은 지난번에 넘어진 것을 참고해서 다르게 도전하는 거예요. 그래도 또 넘어져서 속상하지만 곧 다시 일어나서 또 도전하잖아요? 시행착오를 겪고 교훈을 얻었으니 다르게 또 도전하고, 그렇게 계속 도전하다 보면 원하던 결과를 얻게 되니까요. 여러분도 걸음마를 배울 때처럼 실수를 통해 성장하는 '학습된 낙천성'이 있었는데 그런 자신을 잊어버리고 '학습된 무기력'에 빠진 것이니 과거의 낙천성을 회복하면 됩니다.

도전의 조건을 바꾸려고 해 보세요. 그리고 그 조건으로 실수해도 "난 매번 또 넘어지는 사람이구나."가 아니라 "다음에는 다르게 하면 중심을 잡을 수도 있겠구나."라는 생각을 하려고 노력해 보세요.

사람과의 관계가
힘들 때, 심리학

누구나 개인 생활과 사회생활이 있지요? 그 둘은 정확히 나누기 힘들 정도로 서로 연결되어 있기도 합니다. 사회생활에서 사람들의 인정을 받으면 자신감이 충만해져 개인 생활에서 생기는 스트레스에 당당하게 대처할 수 있는 것처럼 말이지요. 개인 생활에서 행복하면 충전된 에너지를 사회생활에 잘 쓸 수 있어서 좋은 결과를 낼 수도 있고요.

반대로 개인 생활과 사회생활 중 어느 하나라도 문제가 있으면 어떨까요? 온전한 행복을 얻을 수 없을 거예요. 그래서 심리학은 마음이 행복할 수 있는 길을 찾기 위해 개인 생활의 문제와 사회생활의 문제 모두를 다룬답니다. 앞에서 개인 생활과 관련된 문제를 심리학으로 다뤘으니 이번에는 사회에 적응하기 위한 과정에서 생기는 문제와 해결책을 살펴보려고 해요. 예를 들어 인정 욕구의 문제, 유행에 민감한 문제, 사회 비교 문제와 같은 것 말이에요.

수많은 사회생활 문제 중에 특히 이 문제들을 다루는 것은 그만큼 많은 청소년들이 고민하고 있기 때문이에요. 그리고 잘못 대처했을 때 타인과 함께하는 사회생활의 문제뿐만 아니라 자신이 중심인 개인 생활까지도 쉽게 흔들릴 수 있기 때문입니다. 부디 사회생활 문제를 다루는 이 내용을 통해 여러분도 행복으로 이어지는 길을 찾기를 응원합니다.

너무 인정받고 싶다면

상담하다 보면 인정받고 싶어 노력하는데 자기 마음과 달리 다른 사람들이 인정하지 않아 속상하다는 말을 많이 듣습니다. 저에게 상담 온 사람들은 다른 사람의 무심함을 문제로 생각했습니다. 그럴 수 있습니다. 하지만 무심한 사람에게 계속 인정받고 싶어 하는 자신의 마음을 다독이지 않는다면 어떨까요? 자신을 인정하지 않는 무심한 사람들에게 쭉 상처 받겠죠. 그러면 인정 욕구를 갖지 않으면 될까요? 사실 인정 욕구를 갖지 않는 게 정말 가능할지 모르겠습니다.

현대는 인정 욕구의 시대입니다. 인터넷을 보면 타인의 관심을 받기 위해 비싼 물건 사진을 찍어 올리거나 멋진 장소에 간 사진을 올리는 사람들도 있습니다. 정반대로 바보스러운 실수를 내보이는 경우도 있습니다. 겉모습은 완전 다르지만 그 속의 심리는 똑같습니다. 선생님 말씀을 잘 듣는 학생과 선생님께 반항하는 학생의 모습은 전혀 다르지만 선생님의 관심과 인정을 받고 싶은 마음은 똑같은 경우처럼요. 남학생이 자기가 좋아하는 여학생에게 관심을 받고 싶어 하면서도 반대로 심술을 부리거나 장난을 치는 것으로 관심을 끄는 이유도 똑같습니다. 바로 자신의 존재를 인정받고자 하는 마음, 즉 인정 욕구 때문입니다.

인정 욕구가 최근 더 부각되고 있긴 하지만 과거 인류의 조상들도 마찬가지였습니다. 사회 속의 인간으로 살고 있는 이상 인정 욕구를 전혀 갖지 않는 것은 불가능합니다. 불가능할 뿐만 아니라 바람직하지도 않아요. 짠 음식이 좋지 않다고 소금 자체를 전혀 먹지 않으면 우리 몸에 문제가 생기는 것처럼 인정 욕구가 문제가 있다고 다른 사람의 인정 따위는 신경 쓰지 않고 자기 마음대로 하면 문제가 생기게 되니까요.

사람은 기본적으로 사회적 동물이지요? 혼자 사는 게 아니라 가족, 학교, 직장 등에서 사회의 단위에 맞게 사람들과 관계를 맺으며 살아갑니다. 왜 관계를 맺을까요? 바로 생존과 행복 때문이랍니다. 다른 사람에게 인정을 받아 자신의 가치를 확인하면 심리적 안정감을 누리게 됩니다. 그와 동시에 다른 사람과 더욱 긴밀하게 연대를 해서 개인의 힘만으로는 해결하기 벅찬 위기 상황에서도 생존할 수 있습니다. 인간은 생존과 행복을 위해서 인정 욕구를 진화시켰습니다. 사람들에게 인정받을 수만 있다면 어떤 일이든 잘 해내려 노력합니다.

여러분이 어렸을 때를 떠올려 보세요. 유치원 때 심부름을 잘하고 한글을 열심히 깨치려는 것도 자신의 진지한 인생 설계 때문이 아니라 인정과 관심을 받고 싶은 욕구 때문 아니었나요? 상대방이 나를 인정하는 모습을 보고 자신에 대한 긍정적인 생각을 키워 나가면서 자신이 몰랐던 존재 가치를 발견하기도 하니 인정 욕구는 좋은 측면도 있답니다. 무조건 버려야 하는 것은 아니에요.

하지만 인정 욕구가 너무 크면 문제가 됩니다. 인정은 받고 싶은데 능력과 상황이 여의치 않다 싶으면 심리적 안정감이 떨어집니다. 안정감을 되찾기 위해 노력을 해야 하지만 너무 힘들거나 속상하면 반항을 해서라도 상대방이 자신의 존재를 어떻게든 인정할 수밖에 없게 만들기도 합니다. 반항을 하면 상대방이 혼을 내거나 다른 사람에게 알려 도움을 구하는 등 문제를 일으킨 당사자에게 주의를 기울이게 되니까요. 그래서 반항하는 청소년도 많아요.

유치원 때는 부모가 일일이 챙겨 주는 것에서 사랑을 확인하고 자신의 존재 가치를 확인해요. 하지만 초등학교 시기를 거치면서 부모가 그렇게 챙겨 주는 것을 간섭으로 여기며 벗어나려고 하지요. 그러면서도 아직 독립할 마음의 준비는 되어 있지 않기 때문에 불안해 하는 이중성이 있어요. 그래서 부모 혹은 자신을 사랑하는 사람이 얼마나 자신에게 관심을 가지고 있는지 확인하려고 반항을 하기도 합니다. 기본적으로 아무 관계도 아니라면 그렇게 반항을 하지 않고 회피하는 게 더 편리한 방법이겠지요? 자신에게 중요한 사람들이기 때문에 그들의 반응에 신경을 쓰는 거예요. 그리고 그들이 자신에게 소홀하다 싶으면 관심을 끌 만한 사고를 치거나 약한 척을 해서 동정심을 자극하는 행동을 하지요.

특히 청소년기에는 스스로 이미 세상에 대해서 알고 있고 어느 정도 어른이 되어 가는 과정에 있다고 생각하기 때문에 약한 척보다는 반항을 더 많이 하게 됩니다. 그리고 가족과 주변 사람에게 자신의 존재 가치를 확인받지 못한 사람일수록 주변의 시선을 끄는 심한 일탈 행동을 보이지요. 특별하게 눈에 띌 수 있도록 말이에요. 이들은 나쁜 행동 자체가 목적이 아니라 관심을 받는 것이 목적이므로 자신이 한 행동을 숨기려 하지 않아요. 오히려 자랑스럽게 드러내려고 해요. 어떤 경우에는 소문을 적극적으로 내고 구체적 증거가 될 폭력 동영상까지 인터넷 등에 공유하기도 한답니다.

이렇게 다른 사람의 시선에 대해서 신경을 많이 쓰는 사람일수록 다른 사람의 반응에 예민하게 됩니다. 그런데 긴장을 풀지 못하고 상대방에게 집중하는 것은 스트레스이겠지요? 그래서 인정을 받고 싶긴 하지만 한편으로는 다른 사람과 함께 있을 때 쉽게 피곤해집니다. 그래서 다른 사람과 함께하는 것을 별로 즐기지 않게 되지요. 다른 사람의 인정이 필요하지만 그것에 절대적으로 매달리는 자신의 모습을 확인하니 마음이 더 불편한 거예요. 마치 자신이 다른 사람에 의해 좌우되는 무가치한 존재처럼 느껴지기 때문입니다.

인정 욕구에만 매달리면 올바르게 성장을 할 수가 없습니다. 심리학자인 에이브러햄 매슬로우는 인정 욕구 이외에도 인간의 성장을 위해서는 다양한 욕구가 필요하다고 주장했습니다. 인간의 다양한 욕구들은 인정 욕구와 상호작용하며 인간의 행동을 만들어 냅니다. 인정 욕구에만 사로잡히는 게 아니라 생리적 욕구, 안전의 욕구, 소속의 욕구, 자아실현의 욕구 등과 어우러지게 노력한다면 행복과 성장 모두를 얻을 수 있습니다.

유행에 압력을 느낀다면

사람들은 다양한 상황에서 다른 사람들의 말과 행동을 따라합니다. 그래서 많은 사람들이 특정한 대상을 좋아하는 유행도 생깁니다. 이 자체로는 문제가 되지 않습니다. 인간이라면 누구나 집단의 일원이 되고자 하는 욕구를 가지고 있으니까요.

미국 콜롬비아대의 마이클 모부신 교수는 "인간은 집단 안에 있으면 안정감을 느끼고 의사 결정도 단순해진다."고 주장합니다. 틀린 선택이라 하더라도 다수가 틀리면 서로를 위로할 기회라도 얻게 되니까 다수를 따르려고 합니다. 자연의 위협에 굴복하지 않고 생존하기 위해 집단적으로 대처했던 원시인부터 변화무쌍한 사회 변화에서 생존하려는 21세기 현대인에 이르기까지 공통된 성향입니다.

특히 또래 문화와 소속감에 대한 욕구가 큰 청소년기에는 유행에 더 민감할 수밖에 없습니다. 그런데 유행이 좋거나 심리적 안정감을 줘서가 아닌, 그저 많은 사람들이 좋아하는 것을 따라 하느라 진짜 자기가 좋아하고 마음의 안정을 주는 것까지 포기한다면? 이것은 문제가 됩니다.

내가 상담한 어떤 학생은 올 여름에 유행하는 옷이 어떤 것인지에 무척 신경을 썼어요. 자기에게 맞지 않아 불편한데도 감수했지요. 그게 손해라는 것을 스스로 알면서도 유행에 민감할 수밖에 없는 이유는 무엇일까요? 그것은 '편승 효과' 때문입니다. 편승 효과는 양떼 효과, 무리 효과, 악대차 효과라고도 합니다.

편승 효과는 사회적 압력 때문에 생깁니다. 미국의 솔로몬 애시 박사가 세 개의 직선으로 한 동조 실험을 기억하지요? 자기 차례가 되었을 때 다른 사람을 따라서 오답을 말한 사람이 실험 참가자의 75퍼센트나 되었고, 오직 25퍼센트의 실험 참가자만이 유행하는 오답에 영향을 받지 않고 자신의 생각대로 말한 그 실험 말이에요. 현실에서도 유행을 좇아가는 사람이 있고 그렇지 않은 사람이 있지요?

사실 유행을 좇는 사람이 압도적으로 많습니다. 유행에 진정으로 동의해서가 아니라 사회적 압력에 따르는 사람들이 있기 때문에 유행은 더 커집니다. 편승 효과는 주변에서 쉽게 찾을 수 있습니다. 자기의 입맛을 생각하기보다는 많은 사람들이 맛있다고 말하는 소문난 맛집을 기를 쓰고 찾아다니는 유행이 생긴 것도 다른 사람들의 선택이 사회적 압력으로 작용했기 때문입니다. 온라인 쇼핑에서 자신의 기준으로 필요하다 싶어 구매하려던 물건도 이전 구매자의 평가가 나쁘면 구매를 주저하거나 포기합니다. 이것을 잘 아는 쇼핑몰 운영자는 좋은 후기를 열심히 소개합니다. 이런 맛집과 쇼핑에 해당하는 편승 효과는 결과가 좋지 않아도 인생에 큰 영향을 주지 않기에 그다지 문제라고 말하기 힘듭니다.

다른 학생들이 즐기는 음악, 영화, 학원도 직접 경험했더니 진짜 좋아서 더 이용한다면 문제가 없습니다. 나쁘면 한번 해 보고 피하면 됩니다. 나쁜 것을 아는 데도 단지 유행이니까 억지로 할 때는 문제입니다. 자신의 생각과 취향이 분명히 다른데도 사회적 압력에 쉽게 굴복하는 것은 분명 잘못된 거죠. 민주주의 사회에서는 자기의 개성을 존중받을 수 있어야 해요. 자기부터 자기 개성을 포기한다면 누가 찾아 주나요? 개성을 포기하면 유행이나 다른 사람에게 신경 쓰느라 스트레스를 받고 자기와 맞지 않은 것을 선택해서 불편함이나 손해를 보기 쉬워요.

이렇듯 불편해 하면서도 유행에 너무 민감하거나 무조건적으로 따르려 하는 문제를 어떻게 해결할 수 있을까요? 미국 버클

리대의 샬런 네메스와 신시아 칠레스의 연구를 보면 유행에 민감한 자신을 바꾸는 단서를 찾을 수 있습니다. 애시 박사의 연구를 소개하면서 네 명을 한 모둠으로 해서 슬라이드 색깔을 맞추는 실험을 했던 설명, 기억하지요? 유행하는 답에 민감하지 않고 자신이 옳다고 생각하는 바를 실천하는 것에 대해 알 수 있었던 실험이죠. 이것을 되새기면서 유행에 따르지 않고 자신만의 스타일로 사는 사람을 검색해 보세요. TV프로그램 〈나는 자연인이다〉의 주인공과 같이 극단적인 사례를 찾지 않더라도 우리 주변에는 유행과 상관없이 멋지게 사는 사람이 있을 거예요. 그들에게서 충분히 용기를 얻을 수 있답니다.

비교를 많이 해서 피곤하다면

인간은 사회적 동물이라는 말이 있습니다. 사회 속에서 여러 사람과 더불어 살며 다양한 상호작용을 합니다. 상호작용 중에 자연스럽게 비교하게 됩니다. 비교의 기준이 따로 있는 것이 아닙니다. 다른 사람보다 내가 공부를 더 잘하는지, 힘이 더 센지, 외모가 더 나은지, 더 좋은 집에 사는지 등등 그때그때 머릿속에 떠오르는 조건으로 비교합니다. 하지만 가장 많은 상호작용을 하는 집에서는 어떤가요? 물론 동생이 자기보다 맛있는 것을 더 많이 먹는지 늘 예민하게 비교하는 사람도 있겠지만 대부분의 경우 가족 내에서는 비교를 많이 하지 않습니다. 엄마가 자기보다 더 예쁜지, 아빠가 자기보다 더 키가 큰지에 대해 다른 사람을 만났을 때처럼 비교하지는 않지요? 가족이니까 넓은 아량으로 봐줘서일까요? 아닙니다. 가족은 사회생활이라기보다는 개인 생활에 더 가깝기 때문입니다.

사회생활에서 다른 사람을 만나게 되었을 때 인간은 타인이 어떤 사람인지를 알아보고 싶은 마음이 있습니다. 동시에 자기 자신이 사회적으로 어떤 사람인지 알고 싶어 하는 마음도 있지요. 그런데 자기의 정체성을 확인하는 과정에 명확한 기준이 없고 모호할 때 사회 비교가 더 많이 나타납니다.

미국의 사회심리학자인 레온 페스팅거는 '사회 비교 이론'을 연구했습니다. 사회 비교 이론에 따르면 사람은 자신의 능력과 상황 등에 대해서 객관적 기준으로 정확히 평가하는 능력이 떨어집니다. 그래서 자신이 어느 정도의 능력을 가지고 있고 어떤 특성이 있고 어떤 상황에 처해 있는지 늘 궁금한 상태로 남아 있지요. 궁금함을 해결하지 못하면 답답하기 때문에 사람들은 이 답답함에서 벗어나려 자기의 능력과 특성과 상황에 대한 정보를 주변 타인과의 비교로 얻으려 합니다.

예를 들어, 자신이 공부를 정말 잘하고 있는지를 평가하고 싶은 학생은 어떨까요? 전국 단위의 시험을 참고하거나 개인적 진로 목표의 기준을 세워 놓고 자신의 준비 정도를 판단하면 됩니다. 하지만 전국 단위의 시험은 자주 있지 않을 뿐더러 개인적 기준도 확실하지 않지요. 그래서 자신의 공부 수준에 대한 궁금함은 해결되지 않을 확률이 높아요. 그래서 주변의 또래 학생들과 자신을 비교해서 자기의 능력이 어느 정도인지를 가늠하는 것으로 모호함을 해결합니다.

　사회 비교 이론은 자신을 남과 비교하는 행위는 남보다 자신이 더 낫다는 사실을 확인하려는 목적이 아니라고 말합니다. 그리고 남보다 자신이 더 부족하다는 사실을 확인한 경우에도 계속 비교를 하는 것에 주목했습니다. 그 결과, 비교의 목적이 '어떻게든 자기를 평가하고 싶은 욕구를 해결하는 것'임을 밝혔습니다. 자기를 평가해서 어떤 이득이 있을까요? 남보다 잘하든 못하든 자신이 누구인지 좀 더 확실히 알게 되는 기분이 듭니다. 그리고 다른 사람과 자신이 얼마나 비슷한지 확인하면서 소속감을 느끼는 '동조 효과'를, 얼마나 다른지를 확인하면서 '대조 효과'를 통해 마음이 편해집니다.

　특히 청소년기에는 비교하는 경향이 더 큽니다. 자아 정체성의 형성 시기라서 "나는 어떤 사람인가"와 "어떤 사람이 되어야 하는가"라는 질문에 대한 고민이 많지요. 이럴 때 비교를 하면 다른 사람과의 차이점을 발견하게 되어 "아, 나는 이런 사람이구나."라고 더 확실한 답을 얻는 것 같은 기분이 듭니다.

　하지만 여기에 또 하나의 변수가 있습니다. 청소년기에는 가족보다는 또래의 집단에 소속하고 싶은 욕구도 있습니다. 비교를 해 보았는데 너무 차이가 나고 소속감을 느낄 수 없어 혼자 별종인 것 같아 불편하거나, 반대로 너무 남과 비슷해서 자신의 정체성이 없는 것 같아 불편한 상황이 생깁니다. 사회 비교를 통해 궁금함이 해결되어 편안함을 느끼면서도 계속 비교를 하며 불편한 것은 이 때문입니다.

비교에는 두 가지 방향이 있습니다. 첫째, 자기보다 더 나아 보이는 사람과 비교하는 '상향 비교'입니다. 광고는 시청자가 부러워할 사람을 내세워서 상향 비교를 하게 해 구매를 촉진합니다. 그저 물건이 좋다고 구구절절 설명하지 않고 "저 사람은 저렇게 누리는데 나는 이 모양으로 살다니 불공평해. 어, 그런데 저 돈만 주면 나도 저 사람처럼 누릴 수 있다고?"라는 생각을 갖게 하는 거죠. 성장을 촉진하는 자기 계발서, 위인전 등은 독자로 하여금 주인공과 자신을 상향 비교해서 차이점을 느끼고 더 나은 사람의 요소를 확인하게 합니다. 그런데 비교의 대상이 너무 높은 곳에 있다면 어떻게 될까요? 자신이 하찮게 느껴져서 기운이 빠질 것입니다. 마음 잡고 공부를 하려고 새로운 학원에 등록한 학생이 전국 1등과 자신을 비교한다면 어떨까요? 자신에 대한 궁금함을 해결하는 편안함보다는 불쾌감을 느낄 확률이 더 크겠죠.

앞서 말했듯이 인간은 사회적 동물이라 자연스럽게 비교를 하게 됩니다. 비교 자체가 나쁜 게 아닙니다. 비교를 자기 마음에 상처를 주는 방식으로 잘못 쓰는 게 문제입니다. 성장을 위해 상향 비교를 하더라도 수준이 크게 차이 나는 사람과 하는 것은 좋지 않습니다. 적당하게 자극이 될 만한 사람을 고르려면 자기 자신에 대한 정보를 더 객관적인 기준으로 모아야 합니다. 지성과 감성, 의지력 등에 대한 다양한 심리검사를 받는 것도 좋은 방법입니다.

둘째, 자기보다 좀 못해 보이는 사람과 비교하는 '하향 비교'도 있습니다. 하향 비교를 하면 자신이 더 능력 있고 나은 사람이라는 기분을 느낄 수 있습니다. 자신감도 높아지지요. 그런데 약도 너무 많이 쓰면 독이 되는 법입니다. 하향 비교에만 집중하면 어떨까요? 이미 자신이 잘하고 있으니 더 성장하려는 노력을 하지 않겠지요? 그리고 실제 능력과 수준이 그렇게 높지 않은데도 자신이 마치 대단한 사람인 것처럼 행동하니 사람들이 싫어해서 사회적 관계에도 문제가 생길 것입니다.

상향 비교와 하향 비교 모두 장점과 단점을 갖고 있으니 주의해야 해요. 그런데 비교 자체가 과연 필요한지를 더 고민해 봐야 합니다. 사회 비교 이론에 따르면 정체성이 모호할 때 사람들은 비교를 합니다. 그러니 비교 방법에 노력을 기울이기보다는 자기 정체성을 더 확실히 하는 도전을 해 보는 것은 어떨까요?

한번 상상해 보세요. 자기가 누구인지 알고 있고 앞으로 뭐가 되고 싶은지 확실한 사람이 학교나 영화관, 길거리 등에서 남을 신경 쓰며 비교할까요? SNS에서 다른 사람들이 어떻게 지내는지를 보기보다는 자신이 지금 어떻게 지내는지, 어떻게 살고 싶은지를 혼자 조용히 생각해 보는 시간을 청소년기에는 꼭 가져야 합니다. 자기에 대한 답은 결국 자기 자신밖에 할 수 없으니까요. SNS를 덜 하는 것도 사회 비교에서 벗어나는 데 도움이 될 수 있습니다. SNS를 보면 자기만 빼고 모두가 최고의 삶을 사는 것 같아 심리적 안정이 무너질 수 있어요. 영원히 하지 말라는 것이 아니라 줄이려 노력하거나 자기 자신에 대해서 생각을 집중할 때에는 일부러 단절시키는 게 좋다는 뜻입니다.

사회 비교가 백해무익하다는 게 아닙니다. 만약 그랬다면 진화적으로 사회 비교는 사라졌겠지요? 사회 비교가 정체성과 소속감, 성장 촉진, 자신감 회복 등의 이득이 있기 때문에 많은 문제점이 있어도 여전히 존재하는 것이지요. 하지만 그 이득이 있다고 해서 사회 비교를 많이 해도 된다는 말은 아닙니다. 어떤 약이 효과가 있다고 해서 많이 먹으면 부작용이 생기는 것처럼요. 세상에는 이미 다른 사람과의 비교를 부추기는 미디어가 많으니 꼭 가끔은 온전히 자기 자신의 정체성에 집중하는 시간을 갖기를 추천합니다.

넬리 칼슨, 정봉교·현성용·윤병수 옮김, 『생리심리학』, 박학사, 2016.

노안영·강영신, 『성격심리학』, 학지사, 2018.

니콜라 게겐, 고경란 옮김, 『소비자는 무엇으로 사는가?』, 지형, 2006.

데이비드 데보니스, 이규미·손강숙 옮김, 『심리학의 역사 101』, 시그마프레스, 2018.

데이비드 버스, 이충호 옮김, 『진화심리학』, 웅진지식하우스, 2012.

마틴 셀리그만, 김인자·우문식 옮김, 『마틴 셀리그만의 긍정심리학』, 물푸레, 2014.

수잔 와인생크, 박선령 옮김, 『마음을 움직이는 심리학』, 위키미디어, 2013.

신명희·서은희·송수지·김은경 등저, 『발달심리학』, 학지사, 2017.

신민섭·권석만·민병배·이용승·박중규·정승아·김영아·송현주·장은진·조현주,
　　『최신 임상심리학』, 사회평론아카데미, 2019.

애덤 하트데이비스, 이현정 옮김, 『파블로프의 개』, 시그마북스, 2016.

양윤, 『광고심리학』, 학지사, 2011.

양윤, 『소비자 심리학』, 학지사, 2014.

엘리엇 애런슨·티모시 윌슨·로빈 아커트·샘 소머스, 고재홍 옮김, 『사회심리학』, 시그마프레스, 2018.

웨이드 E. 픽런, 박선령 옮김, 『한 권의 심리학』, 프리렉, 2016.

이기범·마이클 애쉬튼, 『H 팩터의 심리학』, 문예출판사, 2013.

이정모, 『인지과학』, 성균관대학교출판부(SKKUP), 2009.

제프 그루프먼, 이문희 옮김, 『닥터스 씽킹』, 해냄, 2007.

천성문·이영순·박명숙·이동훈·함경애 공저, 『상담심리학의 이론과 실제』, 학지사, 2015.

최인철, 『프레임』, 21세기북스, 2007.

티모시 윌슨, 강유리 옮김, 『스토리』, 웅진지식하우스, 2012.

티모시 윌슨, 정명진 옮김, 『내 안의 낯선 나』, 부글북스, 2012.

폴 뮤친스키·새토리스 컬버트슨, 유태용 옮김, 『산업 및 조직심리학』, 시그마프레스, 2016.

필립 짐바르도, 이충호·임지원 옮김, 『루시퍼 이펙트』, 웅진지식하우스, 2007.

Allport, G, *The nature of prejudice*, 1954, Reading, Addison-Wesley Brewer, M, *In-group bias in the minimal intergroup situation: A cognitive-motivational analysis*, Psychological Bulletin, 1979, 86: 307–324.

Andrew M. Pomerantz, *Clinical Psychology: Science, Practice, and Culture*, 2016.

Asch, S. E., *Opinions and social pressure*, Scientific American, 1955. 193: 31–35.

Asch, S. E., *Studies of independence and conformity: I. A minority of one against a unanimous majority*, 1956.

Bhoomika Rastogi Kar PhD, *Cognition and Brain Development: Converging Evidence From Various Methodologies(Human Brain Development)*, 2013.

Burger, Jerry M., *Replicating Milgram: Would People Still Obey Today?*, American Psychologist January, 2009. 64(1): 1–11.

Caldwell, L., Mowrer, R., *The link between procrastination, delay of gratification, and life satisfaction: a preliminary analysis*, Psi Chi Journal of Undergraduate Research, 1998. 3(4), 145–150.

Caroline Schlüter, Christoph Fraenz, Marlies Pinnow, Patrick Friedrich, Onur

Güntürkün, Erhan Genç, *The Structural and Functional Signature of Action Control*, Psychological Science, 2018. vol. 29, 10: pp. 1620 – 1630.

Casey, T. Taft, Kara Maria Schunk, *Motivational Methods for Vegan Advocacy: A Clinical Psychology Perspective*, 2016.

Cassady, J. C., Johnson, R. E., *Cognitive test anxiety and academic performance*, Contemp. Educ. Psychol, 2002. 27, 270 – 295.

Chamorro-Premuzic, T., Ahmetoglu, G., Furnham, A., *Little more than personality: dispositional determinants of test anxiety(the Big Five, core self-evaluations, and self-assessed intelligence)*, Learning and Individual Difference, 2008. 18, 258 – 263.

Charlan Nemeth, Cyntia Chiles, *When Convergent Thought Improves Performance: Majority Versus Minority Influence*, Personality and Social Psychology Bulletin, 1992. 18(2):139 – 144.

Chen, M.K.; Risen, J.L., *How choice affects and reflects preferences: Revisiting the free-choice paradigm*, Journal of Personality and Social Psychology, 2010. 99 (4): 573 – 594.

Clarkson, J. J., Tormala, Z. L., Leone, C., *A self-validation perspective on the mere thought effect*, Journal of Experimental Social Psychology, 2011. 47, 449 – 454.

Cleveland, C., Finez, L., Blascovich, J., Ginther, N., *For better or for worse: The effect of superior and inferior teammate performance on changes in challenge/threat cardiovascular responses*, European Journal of Work and Organizational Psychology, 2012. 21: 681 – 717.

Criteria for a taxonomic paradigm: Personality and Individual Di erences, 12, 773 – 790.

Dimensions of personality, Journal of Personality, 58, 245 – 261.

Eccles, J. S., Wigfield, A., *Motivational beliefs, values, and goals*, Annual Review of Psychology, 2002. 53, 109 – 132.

Elliot Aronson, Timothy D. Wilson, et al., *Social Psychology*, 2015.

Epley, N., Gilovich, T., *The anchoring-and-adjustment heuristic: Why the adjustments are insufficient*, Psychological Science, 2006. 17, 311 – 318.

Erev, I., Ert, E., Yechiam, E., *Loss aversion, diminishing sensitivity, and the effect of experience on repeated decisions*, Journal of Behavioral Decision Making, 2008. 21, 575 – 597.

Eysenck, H. J., *Dimensions of personality: 16-, 5- or 3*, 1991.

Eysenck, H. J., *Four ways five factors are not basic. Personality and Individual Di erences*, 1992. 13, 667 – 673.

Eysenck, H. J., *Genetic and environmental contributions to individual di erences: the three major*, 1990.

Festinger, Leon, *A Theory of Social Comparison Processe*, Human Relations, 1954. 7(2):117 – 40.

Gal, D., *A psychological law of inertia and the illusion of loss aversion*, Judgment and Decision Making, 2006. 1, 23 – 32.

Gibbons, Frederick X., Bram P. Buunk, *Individual Differences in Social Comparison: Development of a Scale of Social Comparison Orientation*, Journal of Personality and Social Psychology, 1999. 76(1):129 – 142.

Gigerenzer, G., *On Narrow Norms and Vague Heuristics: A Reply to Kahneman and Tversky*, Psychological Review, 1996. 103, 592 – 596.

Gisser, Misch; McClure, James; Ökten, Giray; Santoni, Gary, *Some Anomalies Arising from Bandwagons that Impart Upward Sloping Segments to Market Demand*, Econ Journal Watch, 2009. 6 (1): 21 – 34.

Goidel, Robert K., Todd G. Shields, *The Vanishing Marginals, the Mass Media, and the Bandwagon*, Journal of Politics, 1994. 56:802-810.

Gregory J. Feist, Erika L. Rosenberg, *Psychology: Perspectives and Connections*, 2014.

Grunschel, C., Patrzek, J., Fries, S., *Exploring reasons and consequences of academic procrastination: an interview study*, European Journal of Psychology of Education, 2012. 28, 841 – 861.

Harinck, F., Van Dijk, E., Van Beest, I., Mersmann, P., *When gains loom larger than losses: Reversed loss aversion for small amounts of money*, Psychological Science, 2007. 18, 1099 – 1105.

Hausknecht, J. P., & Holwerda, J. A. 2013. *When does employee turnover matter? Dynamic member configurations, productive capacity, and collective performance*, Organization Science, 24: 210 – 225.

Jill M. Hooley, James N. Butcher, et al., *Abnormal Psychology*, 2016.

Kahneman, D., Knetsch, J., Thaler, R., *Experimental Test of the endowment effect and the*

Coase Theorem, Journal of Political Economy, 1990. 98(6), 1325 – 1348.

Kahneman, D., Tversky, A., *Prospect Theory: An Analysis of Decision under Risk*, Econometrica, 1979. 47, 263 – 291.

Kermer, D. A., Driver-Linn, E., Wilson, T. D., Gilbert, D.T., *Loss aversion is an affective forecasting error*, Psychological Science, 2006. 17, 649 – 653.

Kozlowski, S. W. J., Ilgen, D. R., *Enhancing the effectiveness of work groups and teams*, 2006.

Kunst-Wilson, W. R., Zajonc, R. B., *Affective discrimination of stimuli that cannot be recognized*, Science, 1980. 207(4430):, 557 – 558.

Laura E. Berk, *Development Through the Lifespan(7th Edition)*, 2017.

Lepine, J. A., Piccolo, R. F., Jackson, C. L., Mathieu, J. E., Saul, J. R., *A meta-analysis of teamwork processes: Tests of a multidimensional model and relationships with team effectiveness criteria*, Personnel Psychology, 2008. 61, 273 – 307.

McAndrew, *African of Americans of African and European descent*, Journal of Social Psychology, FT; Akande, A, 1995. 135 (5): 649 – 655.

Michael G. Aamodt , *Industrial/Organizational Psychology: An Applied Approach*, 2015.

Michael J. Mauboussin, *The Success Equation: Untangling Skill and Luck in Business, Sports, and Investing*, 2012.

Milgram, S., *Some conditions of obedience and disobedience to authority, Human Relations*, 1965. 18, 57 – 76.

Miller A, editor, *The social psychology of good and evil*, New York: Guilford, pp. 21 – 50.

Mussweiler, Thomas, *Comparison Processes in Social Judgment: Mechanisms and Consequences*, Psychological Review, 2003. 110(3):472 – 89.

Nadeau, Richard; Cloutier, Edouard; Guay, J.-H., *New Evidence About the Existence of a Bandwagon Effect in the Opinion Formation Process*, International Political Science Review, 1993. 14 (2): 203 – 213.

Nathaniel von der Embse, Justin Barterian, Natasha Segool, *Test anxiety interventions for children and adolescents: a systematic review of treatment studies from 2000–2010*, Psycholgy of School, 2013. 50, 57 – 71.

Patricia H. Miller, *Theories of Developmental Psychology*, 2001.

Paul Davis, Robert Patton, et al., *Addiction: Psychology and Treatment(BPS Textbooks in*

Psychology), 2017.

Plous, S., *The psychology of judgment and decision making*, McGraw-Hill, 1993.

Psychological Monographs: General and Applied, Vol 70(9), 1 – 70.

Psychological Science in the Public Interest, 7, 77 – 124.

Randy Larsen, David Buss, *Personality Psychology: Domains of Knowledge About Human Nature*, 2017.

Robert J. Sternberg, Wade E. Pickren, *The Cambridge Handbook of the Intellectual History of Psychology* (*Cambridge Handbooks in Psychology*), 2019.

Steele CM, Aronson J, *Stereotype threat and the intellectual test performance of African Americans*, J Pers Social Psychology, November 1995. 69 (5): 797 – 811.

Tversky, A., Kahneman, D., *Judgment under uncertainty: Heuristics and biases*, 1974. Science, 185, 1124 – 1130.

Tversky, A., Kahneman, D., *Loss Aversion in Riskless Choice: A Reference Dependent Model*, Quarterly Journal of Economics, 1991. 106, 1039 – 1061.

Tversky, A., Kahneman, D., *The Framing of decisions and the psychology of choice*, 1981. Science 211 (4481): 453 – 458.

Van Eerde, W., *Procrastination at work and time management training*, Journal of Psychology, 2003. 137, 421 – 434.

Virgil Zeigler-Hill, David K. Marcus, *The Dark Side of Personality: Science and Practice in Social, Personality, and Clinical Psychology*, 2016.

Wills, Thomas A., *Downward Comparison Principles in Social Psychology*. Psychological Bulletin, 1981. 90(2):245 – 71.

Wilson, T. D., Gilbert, D. T., *Affective Forecasting: Knowing What to Want*, Current Directions in Psychological Science, 2005. 14(3), 131 – 134.

Yasmin B. Kafai, *Minds in Play: Computer Game Design As A Context for Children's Learning*, 1994.

Zajonc, R. B., *Attitudinal Effects Of Mere Exposure*, Journal of Personality and Social Psychology, 1968. 9 (2), 1 – 27.

Zimbardo P., *A situationist perspective on the psychology of evil: understanding how good people are transformed into perpetrators*, 2004.

십 대를 위한 첫 심리학 수업

2020년 1월 3일 1판 1쇄
2023년 7월 20일 1판 4쇄

지은이 이남석

편집 정은숙, 박주혜 디자인 홍경민
마케팅 이병규, 이민정, 최다은, 강효원 홍보 조민희, 김솔미 제작 박흥기
인쇄 천일문화사 제본 J&D바인텍

펴낸이 강맑실 펴낸곳 (주)사계절출판사
주소 10881 경기도 파주시 회동길 252
전화 031)955-8558, 8588 전송 마케팅부 031)955-8595 편집부 031)955-8596
홈페이지 www.sakyejul.net 전자우편 skj@sakyejul.com
블로그 blog.naver.com/skjmail 페이스북 facebook.com/sakyejul 트위터 twitter.com/sakyejul

© 이남석 2020

ISBN 979-11-6094-529-4 43180